ABUSO, COMIGO NÃO!

Um novo olhar, uma nova história

CLARICE BOMBA

Copyright© Editora Flow, 2023

Todos os direitos reservados.

CEO **Ana Suarez**

MARKETING **Horacio Corral**

CAPA E PROJETO GRÁFICO **Mayra Falcini**

TEXTO **Clarice Bomba**

ILUSTRAÇÕES **Francis Bomba**

REVISÃO **Thárin Radin**

Dados Internacionais de Catalogação na Publicação (CIP)

Bomba, Clarice.
B695   Abuso, comigo não! - Um novo olhar, uma nova história / Clarice Bomba – São Paulo, SP: Editora Flow, 2023.
372 p. : 14 x 21 cm

ISBN 978-65-84970-13-7

1. Biografia. 2. Auto-ajuda 3. Constelação Familiar

CDD 920

SUMÁRIO

Agradecimentos · 5

Introdução · 7

Capítulo 1
A influência da infância sobre o ser adulto · 13

Capítulo 2
Marcas de adolescência · 55

Capítulo 3
Relacionamentos · 119

Capítulo 4
Expatriação · 175

Capítulo 5
Doenças · 231

Capítulo 6
Renascimento · 289

Conclusão · 357

Querido Augusto.

Que esta leitura possa ser luz no seu caminhada

com amor

Dana Bomfim

AGRADECIMENTOS

Como iniciar qualquer agradecimento sem antes agradecer ao Onipotente, Onisciente e Onipresente de tudo que há no Universo? Minha mais profunda gratidão àquele que me deu a chance desta existência, para que eu pudesse ajustar minhas arestas rumo à caminhada evolutiva.

Gratidão também a todos que, de alguma forma, compartilharam momentos comigo e fatalmente serviram de ferramentas para que eu fosse melhor a cada dia. Como dizia Luther King: "Eu não sou quem eu gostaria de ser; eu não sou quem eu poderia ser, ainda, eu não sou quem eu deveria ser. Mas graças a Deus eu não sou mais quem eu era!".

Gratidão a todos os meus ancestrais, principalmente aos meus pais queridos, que me ensinaram valores morais e como um cidadão de bem deve se movimentar no mundo. Sem eles eu teria me perdido!

Gratidão ao meu irmão Rostil, que foi meu grande desafio na infância e na adolescência, me ensinando que os nós apertados, na verdade, não são nós, e sim, fortes laços de amor que nunca desatam.

Gratidão às minhas irmãs Ieda e Elizeth, que trouxeram um novo incentivo para minha vida. Por causa delas, muitas vezes, recarreguei as forças para continuar.

Meu agradecimento especial à minha filha Francis, razão da minha vida, que nos momentos mais difíceis esteve sempre ao meu lado. Crescemos juntas e continuamos nos apoiando.

Agradeço também à minha filha Emanueli, por me ensinar que o jardim, mesmo quando parece não dar mais flores, de repente pode voltar a florir.

Minha gratidão ao meu amor, Adri Zigotto, que a cada dia me ensina a ser minha melhor versão.

E, por fim, agradeço a todos os Mestres Iluminados, que deram exemplos, hoje milenares, sobre como devemos ser para atingir a Iluminação Espiritual.

INTRODUÇÃO

"A vida encurta seu tempo, para você se apressar em aprender a viver."

Bert Hellinger

Era uma vez, uma mulher em Londres, que tinha muito para contar...

— Mas, espera, espera! Para, para tudo!

Essa história não é uma história qualquer, mas um novelo de lã que vai se desenrolar no decorrer das páginas, em uma linha de vida, explicando um dos mais bem sucedidos processos de terapia do mundo: a Constelação Familiar Sistêmica, observada pelo alemão Bert Hellinger. Ao mesmo tempo, vai relatar minha trajetória de vida, com relatos de abusos de diferentes ordens e dos momentos em que consegui encontrar o caminho do entendimento sobre o sentido da vida, após entender os emaranhamentos do meu próprio sistema familiar.

Se as centenas de livros de Bert têm trazido lições de forma bastante subjetiva, *Abuso, comigo não!* explica, na linha da minha vida, todos os conceitos sistêmicos de forma elucidativa, simples e de fácil entendimento, como nunca se viu antes.

Esta leitura pode ser de relevante contribuição e reflexão sobre como a infância pode influenciar a vida de uma pessoa, até mesmo quando ela já está em uma idade adulta ou até mesmo idosa, mas a criança interior ainda está ferida. Este livro trará também uma ótima oportunidade para entendermos que os traumas da infância e da adolescência afetam nossos relacionamentos amorosos. Provavelmente, durante a leitura você talvez vá questionar o porquê de eu ter aceitado viver sob violência doméstica por treze anos!? Qual foi o momento em que iniciei o empoderamento de mim mesma? O que Londres tem a ver com todo esse processo? Por que, após tantas lutas, as doenças ainda vieram fazer parte desse cenário?

Por que motivo precisamos de tanta dor até chegarmos no caminho da autocura e da compreensão sobre quem somos?

Abuso, comigo não! é a história de luta e superação de uma brasileira que, à procura de si mesma, se reencontrou fora do Brasil e se tornou hoje uma Consteladora Familiar dentre as mais renomadas e reconhecidas em Londres, premiada em 2017 com o Prêmio Mulher de Atitude da Revista

Brasil na Mão e por três anos consecutivos como a melhor terapeuta do país pela *Top Of Mind Internacional – UK*.

Agora, após tantas experiências, ela pode servir de exemplo para você que precisa se libertar de algum tipo de relacionamento abusivo, que escolhe se empoderar ou que simplesmente gostaria de compreender como os conceitos das Constelações Familiares podem transformar sua vida, independente do problema que esteja enfrentando.

Numa narrativa envolvente, gostosa e que flui como as águas de um rio, Abuso, comigo não! vai tocar você da primeira à última página, pois, no fundo, essa mulher poderia ser você ou quem sabe até uma de suas ancestrais. O objetivo deste livro é segurar na sua mão e guiar seu caminho, desde o momento da concepção até o último suspiro, em busca daquilo que nos leva ao encontro de nós mesmas e de nossa mais pura essência.

Como dizia Jung: "*A sombra é a guardiã do portal que habita a essência. Para chegarmos na essência precisamos primeiro passar pela sombra*".

Não importa em que fase da vida você está, Abuso, comigo não! estará a seu lado, explicando cada conceito sistêmico, até atingir o objetivo que é transformar sua alma!

Agora repita para você mesma: Eu Recebo! Eu Mereço! Eu Aceito! Eu Agradeço!

Eu recebo, mereço, aceito e agradeço porque: É Seguro! É permitido! E porque Eu Posso!

Assim já é!

CAPÍTULO 1

A INFLUÊNCIA DA INFÂNCIA SOBRE O SER ADULTO

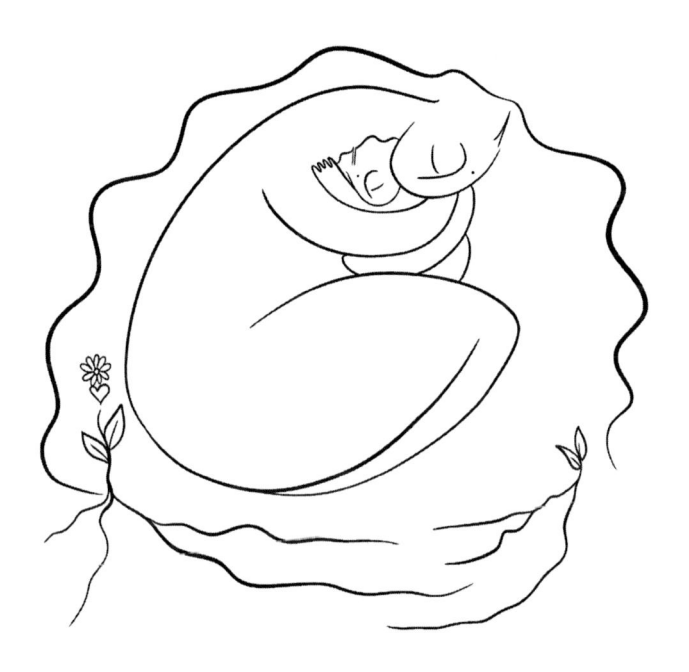

"A vida poda você, quebra, desaponta, desmonta. Mas creia, isso é para que o seu melhor se manifeste, até que só o amor permaneça em você."

Bert Hellinger

Por que tanto se fala atualmente sobre a importância da infância para o indivíduo, em relação ao que ele vai ser na vida adulta? É uma pauta que está apenas na moda ou ela realmente faz algum sentido?

Sigmund Freud iniciou, através da Psicanálise, este valioso trabalho sobre o impacto da infância e sua influência sobre uma pessoa em toda a vida adulta. Segundo Freud, o tempo gestacional até os primeiros sete anos de vida são cruciais para formar um indivíduo de mente saudável ou desequilibrada.

Tudo o que acontece na infância nunca fica só na infância, mas segue com o adulto até o último suspiro. Isso significa que as relações mais importantes que o ser humano pode ter são com seus pais ou com aqueles que cumprem esse papel. Aqueles que foram responsáveis por nós quando ainda éramos vulneráveis e desprovidos de qualquer tipo de conhecimento. Essas pessoas exercem uma função em nossa base, na qual todas as percepções coletadas e sentidas nesse período, mais tarde, ditam como esse adulto se guiará na vida.

Através do olhar sobre as Constelações, consideram-se três aspectos de atuação para que o amor possa fluir e alcançar uma vida mais saudável e feliz. Mesmo que na infância e na adolescência se tenha vivido traumas e que a base de educação não tenha sido das melhores, ainda assim, essas três leis precisam fazer parte do nosso dia a dia. Caso contrário, é como dirigir um carro sem conhecimento das leis de trânsito: fatalmente o indivíduo receberá multas e correrá riscos de acidente. As três leis que regem nosso sistema familiar são: a Lei do Pertencimento, a Lei da Hierarquia e a Lei do Equilíbrio, que é a troca entre o Dar e Receber, na medida certa[1].

A Lei do Pertencimento diz que todos fazem parte. Isso implica que nenhuma pessoa, por pior que ela tenha sido ou seja, pode ser ex-

---
[1] Fonte: Livro "Ordens do Amor" de Bert Hellinger.

cluída de um sistema familiar. Imagine uma família que tem padrões bem demarcados como aceitáveis ou não, por exemplo: homofobia ou uma diferente crença religiosa. Suponhamos que um membro dessa família "se rebela" nesse sistema, quebrando os "padrões aceitáveis": sendo boêmio, bebendo, se divorciando, sendo homossexual, seguindo outra religião ou passando por processos de vícios. É possível que a família exclua esse membro, o que irá gerar desequilíbrio para todos os inseridos no sistema familiar, inclusive para as próximas gerações que ainda estão por vir. Esse desequilíbrio passará de geração em geração, até que alguém do próprio sistema tome conhecimento do padrão, conscientemente ou não, e quebre o ciclo de exclusão e repetição.

Na tentativa de trazer ordem e de restaurar esse sistema para que se torne novamente saudável, alguém em uma próxima geração se colocará à disposição, repetindo os padrões de comportamentos daquele membro anteriormente excluído ou não aceito. Isso tudo se faz por amor ao sistema, lembrando que o núcleo familiar nunca procura por um culpado, ele procura por soluções de restauração da ordem para que todos possam ficar mais leves.

A Lei da Hierarquia é muito parecida com a Lei do Pertencimento, pois trata não apenas de pertencer, mas de estar no lugar certo. Isso significa que o pai tem que estar na posição de pai, assim como a mãe na posição de mãe, o primeiro filho no lugar de primeiro filho e assim por diante. Antigamente, quando ocorria um aborto, era comum que os pais ignorassem os filhos mortos, como se nada tivesse acontecido.

Os filhos seguintes sequer ficavam sabendo da existência dos irmãos abortados, gerando com essa omissão um desequilíbrio no sistema. É essencial que o primeiro filho entenda que não é o primeiro filho, mas sim o segundo ou o terceiro, e que o primeiro é aquele que não pôde nascer, porque faleceu ainda na gestação ou no parto. E afirmo que esta criança não nascida continua sendo um membro do sistema, pois sua alma continua existindo e atuando, só não é vista.

O sistema familiar nunca está à procura de culpados ou com a intenção de despertar na mãe ou no pai que participaram de um processo de aborto, espontâneo ou provocado, qualquer sentimento de culpa. A solicitação é do reconhecimento dos abortados dentro da hierarquia sistêmica, para que cada um, em paz, possa ocupar os seus devidos lugares.

Eu vivenciei minha maior revelação e libertação quando soube que minha mãe já havia sofrido dois abortos espontâneos antes de mim, sendo eu a terceira filha e não a primeira, como imaginava. Com isso, pude finalmente ocupar o meu devido lugar. Essa informação me permitiu compreender o fato de nunca ter me sentido à vontade, já que vivia a sensação de estar faltando algo. Eu tinha uma grande dificuldade, de que as coisas dessem certo para mim de primeira.

Após conhecer as dinâmicas das Constelações Familiares, entendi que estava sendo vista por todos os meus familiares como primeira filha e neta, quando na verdade eu sempre fui a terceira. Dessa forma, tudo que eu fazia era para honrar minha solidariedade e sentimento de culpa por eu ter nascido e eles não. Era para honrar o lugar do primeiro e do segundo irmão. Quando eu os reconheci no meu coração e no meu sistema, as coisas começaram a dar certo para mim, de primeira. A desordem me levou a fazer coisas para o primeiro, depois para o segundo, e só na terceira tentativa é que eu me sentia livre para conquistar as coisas para mim.

Outro exemplo típico de quebra da Lei da Hierarquia é quando um filho ou uma filha toma a posição do pai ou da mãe por motivos de personalidade forte, necessidade na falta de um dos genitores ou simplesmente por supor que os pais não têm capacidade de se cuidarem sozinhos. Isso gera desequilíbrio no sistema.

Isso não quer dizer que não devemos cuidar dos nossos pais em situações de necessidade destes ou na velhice, como forma de retribuição por tudo que já fizeram. Devemos sim, cuidar e amparar, isso é bíblico e se encontra em um dos maiores mandamentos, que é honrar pai e mãe. Mesmo estando neste lugar de cuidador, precisamos estar atentos para nosso lugar de filhos, que não é um lugar de autoridade. Muitos filhos não compreendem essa lei hierárquica e acabam atraindo desequilíbrios na saúde, na vida profissional e financeira e nos relacionamentos.

A terceira lei sistêmica é a Lei do Equilíbrio, o dar e o receber, e fala exatamente sobre a lei das trocas nas relações. Você já ouviu o ditado popular que diz: gentilezas geram gentilezas? Precisamos fazer essa troca na medida certa e nos colocar disponíveis para recebermos de volta, auxiliando o outro na medida exata em que este está pronto para receber.

Essa lei serve para todo tipo de relacionamento: afetivo, entre pai e mãe, entre irmãos, entre amigos, relações financeiras etc. Se entre um casal, um dos cônjuges faz muito mais para o relacionamento do que o outro, sendo submisso ou paciente demais, o outro sente na alma como se estivesse endividado, até chegar ao ponto em que não consegue mais devolver o tanto que recebeu, e se torna na maioria das vezes abusivo, deixando de se importar com aquele que se colocou o tempo todo a sua disposição. Esse tipo de relação desequilibrada vai se intensificando, até que a união se rompe. Um dos dois, fatalmente, irá se sentir sufocado e não mais suportará ficar nesse lugar.

As três leis da Constelação, quando conhecidas a fundo e colocadas em prática, transformam vidas. Isso ocorre num nível tão profundo, que traz cura para todos que as praticam.

A partir da minha história de vida, você pode ter a oportunidade de perceber como são essas leis na prática e como elas podem ajudar você a transformar sua vida, como mágica.

Sua transformação pode afetar positivamente a todos os membros da sua família e a todos os que vierem depois.

Essa percepção traz quebra de padrões e cura para as gerações seguintes e leveza para toda a ancestralidade, num círculo virtuoso de amor, aceitação e não julgamentos, que rendeu a Bert Hellinger a indicação ao Prêmio Nobel da Paz no ano de 2011, por difundir sua terapia mundialmente e melhorar a vida de milhões de pessoas.

Esta é uma técnica breve e rápida, não necessita de grandes demandas ou longas conversas, ao contrário, quanto menos se falar em uma sessão de Constelação melhor é.

Em alguns casos, uma única sessão pode ser o suficiente para trazer alívio para o indivíduo e a clareza que ele busca, de forma única e amorosa.

O constelador é um facilitador, alguém que se coloca a serviço, sem nenhuma pretensão de interferir, mas seguindo o movimento natural que se apresenta. O constelado-cliente tem a chance de ver um sistema familiar com um novo olhar.

Alguns sentem receio e tem lá suas razões, pois não é fácil se sentar numa cadeira para assistir a uma peça de teatro da própria vida dentro do palco da Constelação. Um roteiro de si mesmo pelo ângulo do subconsciente e da consciência coletiva, em que todos do sistema se encontram conectados uns aos outros, quando tudo se revela para ser visto, sobretudo aquilo que se escondeu a vida inteira, inclusive segredos de família.

Esse processo pode ser revelador, pois mostra tudo que estava diante do nosso nariz, por anos a fio, nos nós e emaranhados da história que nos compete.

O caminho da Constelação significa cura. Existe um "Antes & Depois" da alma.

Se você estiver disposto a modificar sua vida, a partir do que seu inconsciente esconde de você a sete chaves, este é o momento. Abra-se e permita-se trilhar este caminho. Você pode se tornar uma pessoa melhor, curada e apta para mais tarde ser colaboração na vida de outras pessoas.

Bem-vindo, bem-vinda ao caminho do conhecimento que pode iluminar sua mente e seu coração, a partir de agora.

Londrina-PR, Brasil, 08h - 29/09/2003.

Abro os olhos e os pensamentos já invadem minha mente.

Mais uma semana se inicia, e eu aqui, reclamando da minha vida. Preciso tomar uma decisão, dar um novo rumo para as coisas. Mas como? Se eu me sinto tão covarde! Me levanto da cama e preciso enfrentar a vida, as coisas que não mudam e a semana de trabalho. O dever me chama, me direciono para a frente do espelho, me forçando ao menos a ficar bonita por fora, já que por dentro me sinto sem beleza alguma. Desço as escadas do prédio em direção a nossa loja, que fica bem à frente de onde moro, e já vejo minha mãe abrindo as portas do nosso pequeno comércio.

— *Bom dia mãe, vamos lá enfrentar mais uma semana de lutas.*

— *Bom dia, filha! Não fale assim, vamos agradecer. Tudo na vida que ainda não está bom é porque falta gratidão.*

— *Ahh não, mãe! Não me venha com essa conversa logo cedo, minha vida está uma B*#@! Não creio* que um simples agradecer, vai resolver, mas ok! Vamos ao trabalho.

Sento na cadeira do escritório e me concentro nos afazeres do dia, quando, de repente, escuto gritos.

— Eu vou acabar com você hoje, sua vagab*#@!

Ouço a ameaça, ao mesmo tempo em que a porta do meu escritório é violentamente aberta com um chute:

— Hoje eu acabo com a sua vida, Clarice!

"Deus do céu! Ele achou a carta!"

— Calma! Vamos conversar, você não precisa fazer isso!

Minha mãe, ouvindo os gritos, chega correndo do fundo da loja e entra no escritório:

— O que está acontecendo aqui, vocês ficaram loucos?

— Calma, mãe, calma, eu vou resolver isso, não se preocupe.

Meu marido começa a jogar todas as coisas de cima da mesa do escritório, arranca a tomada da CPU do computador, chuta os armários e continua gritando e me xingando, completamente desnorteado. Pega o computador e sai carregando os equipamentos, cabos, fios, de qualquer jeito e se dirige porta afora aos berros, espumando ódio.

Eu saio atrás dele, desesperada, pedindo para ele parar e me ouvir, mas ele continua gritando rua afora, sem olhar para trás:

— Você não presta, Clarice, como pôde fazer isso?

Os funcionários, pessoas que passavam pela rua e os moradores dos prédios vizinhos assistiam a tudo.

Passo de cabeça baixa, tentando minimizar a situação e fazê-lo parar de alguma forma.

"Que vergonha!"

Continuo andando a passos largos atrás dele pela rua, quando, de repente, em frente ao prédio onde morávamos, ele para. Em questão de segundos, sem que eu consiga perceber, sinto um soco tão forte no meio do nariz, que meu corpo é arremessado longe, caindo rente ao meio fio.

Ouço o barulho do meu peso batendo no chão.

Todos olham, assistem a tudo como se fosse um show. Ninguém se intromete.

Sinto imediatamente o sangue escorrendo do nariz, sujando todo o meu rosto.

Ainda assim, procuro forças e coragem para me levantar e corro atrás dele, que continua andando, rumo ao nosso apartamento... Ele sobe as escadas. O prédio todo pôde ouvir a gritaria.

— Você é uma Pu#!, Clarice, uma vagab*#@, não vale nada! Hoje, será o seu fim!*

Londres, Inglaterra, 2022.

Me recordo da frase da minha mãe: "Se ainda, não está bom, falta gratidão"... Hoje entendo melhor e agradeço pelo tempo que se passou, pelo novo que se apresenta a cada novo recomeço. Relembro esse ensinamento e falo baixinho comigo mesma, assim que percebo meus batimentos cardíacos acelerados. Mas os pensamentos continuam acelerados, não param!

— Stop Clarice! Você não precisa mais pensar nisso. Esquece! Isso já foi! Você não precisa se martirizar com essas lembranças!

Respiro profundamente e tento mais uma vez calar!

— Basta! Já chega!

Abro os olhos e contemplo o que está a minha frente, mudando completamente os pensamentos.

— Você também é uma rainha, Clarice! Olha só onde você chegou!

Percebo que falo em voz alta e algumas pessoas sentadas nas escadarias ao meu redor olham para mim.

"Que vergonha! Acho que me ouviram falando sozinha. Ah, mas falei em português mesmo. Ninguém vai entender!"

Estou sentada em frente ao Palácio de Buckingham, residência oficial da rainha da Inglaterra, um palácio imponente, construído no ano de 1703, que já abrigou outros reis e rainhas ao longo da história.

"A rainha Elizabeth, carinhosamente conhecida pelos brasileiros que aqui vivem como Tia Beth."

Respiro fundo e fecho os olhos por um instante.

"Hoje é domingo e essa tarde eu vim aqui para não fazer nada, mas um nada que alimente minha alma."

Abro os olhos e aprecio novamente a imensidão do castelo.

"Como pode?"

— Você já se deu conta que está em frente à casa da rainha?

"Ops!"

Falei bem alto desta vez. Uma senhora ao meu lado fica me encarando.

Ela se levanta e vem na minha direção.

"Ai, meu Deus! O que ela quer? Não vem atrapalhar a minha tarde de domingo, por favor."

— Desculpa, não quero atrapalhar, mas ouvi você falando em português. Você é brasileira?

— Olá! Sim, sou brasileira. Me empolguei falando alto, né?

Ela estica a mão para me cumprimentar e fala com sotaque português de Portugal:

— Posso me sentar ao seu lado?

Eu a cumprimento.

"Quando chegamos em Londres, sem falar inglês, achamos que vamos ficar perdidos, mas, aos poucos, vamos descobrindo que em todos os cantos sempre tem um brasileiro ou um português com quem conversar ou pedir informações."

— Meu nome é Laurinda! E o seu?

— Clarice. Prazer, Laurinda!

Ela se se senta ao meu lado nas escadarias da exuberante fonte construída em 1911, em homenagem à rainha Vitória.

Suspiro e penso com meus botões:

"Este lugar me traz um questionamento: para que tanto luxo, se na vida somos todos reis e rainhas, cada um reinando ao seu jeito, como sabe e como pode. Eu também sou rainha dentro do meu castelo sem luxos, junto à minha história."

Volto a admirar o castelo. Os guardas posicionados feito estátuas, protegendo o lugar, quase como parte da arquitetura.

— É a sua primeira vez aqui em Londres, Clarice?

Eu suspiro:

— Não. Eu moro aqui há quase vinte anos.

— Uau! E como é morar aqui?

Olho para ela:

— De onde você é?

— Eu moro em Viseu, Portugal, perto do Porto, mas não se compara com a exuberância de Londres. Estou aqui de férias, visitando minha filha.

— Hum.

— Mas então, como é morar em Londres?

— Olha... Tem lá suas vantagens e desvantagens.

— Eu adoraria ouvir, se não for atrapalhar o sossego da rainha.

Eu rio.

"Como ela sabe o que eu estou pensando? Sou mesmo uma rainha!"

— Bom. É uma longa história!

Ela olha e aponta para seu pulso, sem relógio:

— Não tenho hora! Hoje é domingo.

Laurinda põe as mãos atrás do pescoço, alonga o tronco e estica as pernas para frente, como quem está na beira de uma praia.

Eu me movo e levo meu tronco para frente.

"Será que preciso criar coragem para repassar minha história? É isso mesmo? Meu Deus!"

Suspiro e olho mais uma vez para o Palácio de Buckingham. Apoio minhas mãos nas escadas e me preparo para uma longa viagem no tempo...

Londres, Inglaterra, 2006.

— *Vamos, filha, temos que achar a Praça dos Leões.*
— *Mãe, são leões de verdade?*
— *Não, minha filha, são estátuas. Vem!*
"*Onde será que fica essa praça?*"
Apesar de não ter ideia de onde estou, a alegria que sinto por estar aqui me mostra uma coragem que devia estar adormecida dentro de mim.

"*Obrigada, Deus, obrigada, obrigada por eu estar aqui, junto de minha filha, que é a razão da minha vida. Obrigada por essa oportunidade de uma vida nova!*
— *Mãe, como você vai achar os leões?*
Respondo, dando gargalhada, não consigo conter minha euforia:

— A prima Angelica disse pra gente pegar um ônibus e descer na Praça dos Leões, chamada Trafalgar Square, e falou que após o trabalho encontra a gente lá.

— Tá.

Seguimos conforme as instruções e chegamos ao lugar:

— Uauuuu!

Fico extasiada.

Olho a praça lotada de gente, dois leões de pedra enormes, artistas fazendo shows de rua, tocando guitarra em troca de moedas, e ficamos admirando aquilo tudo tão novo, tanto para mim quanto para minha filha.

"Chegamos mais cedo e temos tempo de apreciar esse momento de virada nas nossas vidas!"

Andamos sem noção de nada, até que chegamos em frente a um castelo.

Falo alto, corpo ereto, e bato continência como se fosse um dos soldados da rainha:

— Senhorita! Estamos em Londres! No castelo da rainha!

— Qual rainha, mãe? A rainha má da branca de neve?

Eu rio:

— Não, inocência! Existem outras rainhas além da branca de neve, sabia? A rainha da Inglaterra, a rainha Elizabeth II.

Ela olha e parece estar decepcionada, por não ser uma das rainhas dos contos de fadas.

Giro o corpo e pego nas mãos da minha filha, giro com ela, como numa dança.

— Estamos na Inglaterra, filhaaaaa!

Ela ri e entra na brincadeira.

Tenho o corpo cansado, mas me sinto radiante!

— Tô feliz, filha, tô feliz!

— Tô vendo, mãe! — Ela ri com entusiasmo de criança.

Pego as blusas de frio que estão na mochila, coloco na grama, me sento para descansar e esperar minha prima. Eu e minha filha ficamos imóveis por um bom tempo, em completo silêncio, só assimilando a beleza do lugar. Reflito sobre as coisas que aconteceram na minha vida.

Laurinda interrompe minhas lembranças:

— Você veio de onde, Clarice?

Chacoalho a cabeça, como se precisasse de um movimento, para voltar ao tempo presente.

Respondo:

— Bem, eu nasci no Sul do Brasil, numa cidade chamada Londrina, no Paraná, que quer dizer pequena Londres.

"Será coincidência?"

Laurinda balança o pescoço e demonstra estar bem atenta. Então eu prossigo:

— Meus avós eram italianos, por isso, antes de vir morar aqui, fui morar na Itália, pra tirar meu passaporte italiano. Moramos lá por um ano.

— Que incrível!

Concordo e prossigo:

— Sempre tive em mente que, se um dia saísse do Brasil, minha filha viria junto. Admiro e honro as mulheres que precisaram ganhar a vida em outro país. Muitas vezes, pra dar um futuro melhor para seus filhos, precisam deixá-los para trás. Mas eu optei por fazer diferente.

— Verdade, Clarice, triste esta realidade. Que bom que você conseguiu trazer sua filha na "mala" com você.

— Sabe, às vezes, nós tentamos fazer diferente de como nossos pais fizeram, e na maioria das vezes essa tentativa vem acompanhada de julgamentos.

— Nem me fale. — retruca Laurinda.

— Hoje, após tantos anos, eu compreendo que tentei ser uma mãe mais presente porque meus pais não foram tão presentes comigo. Eles trabalhavam muito, e eu tinha muitos julgamentos, e quando nós julgamos, ao invés de fazer melhor, a gente só piora as coisas.

— Entendo.

Mudo de posição, para mover um pouco meu corpo e prossigo:

— Hoje eu tenho a mais libertadora das compreensões de que eles fizeram o melhor que puderam e foi como eles conseguiram fazer. Minha família sempre foi muito espiritualizada e isso influenciou bastante minha vida.

— Mas se a espiritualidade, a falta de presença de seus pais e os julgamentos que você tinha em relação a eles trouxeram você até aqui, acho que foi uma bela influência, não foi? — Laurinda me pergunta, com total interesse na conversa.
"Nossa. Nunca tinha pensado nisso dessa forma!"
Dou um sorriso e volto à minha história:
— Depois de apenas um ano que meus pais se casaram, eu nasci!
— Rápida você, hein!
— Eles, né?
Rimos:
— Minha mãe diz que eu nasci tão bonita que a enfermeira implorava para me dar para ela. Ela disse pra minha mãe que não tinha filhos e, como a minha mãe ainda era jovem, a enfermeira argumentou que minha mãe ainda teria a chance de ter outros filhos, sendo que ela não.
— Nossa, que absurdo! — disse Laurinda fazendo uma careta.
— Minha mãe teve três filhos, depois de mim.
— Primogênita?

— Não.

Laurinda arca o corpo para frente, olhando para mim e questiona:

— Como não?

— Minha mãe teve dois abortos espontâneos, antes de mim.

— Ah, mas então você é a primeira filha.

— Não mesmo, sou a terceira. Isso é muito importante que se saiba. Mas eu também só aprendi a respeitar o meu lugar de terceira filha mais tarde.

"Conforme essa conversa se desenrole, é provável que eu tenha a oportunidade de me aprofundar nisso." Pensei quase alto! Risos.

— Sabe, Clarice, antigamente acho que as coisas eram assim mesmo: 'dê esse filho aqui para mim, faz outro, ou então, eu não consigo criar porque já tenho muitos outros, pega esse pra você', que loucura que era isso tudo! Que bom que os tempos são outros. Mas continue.

"Essa prosa vai longe!" Limpo um pouco a garganta e volto para a conversa.

— Eu tive relacionamentos bem difíceis e até abusivos, sabe? Eu e meu irmão ficávamos na casa da minha avó enquanto os meus pais trabalhavam. Até os oito anos, fomos praticamente criados por ela. Depois, sofri bullying por conta da minha religião ser espiritualista, num tempo em que a maioria da minha cidade era católica.

— Sei.

— Depois, na adolescência, tive amigas traíras, que paqueravam e acabavam ficando com os paquerinhas que eu me interessava e por aí vai. Minha mãe, pra me consolar, sempre dizia que era inveja, porque eu era muito bonita. — Solto uma gargalhada, e completo: — Coisas de mãe, que por amor aos filhos, fala até o que não existe!

— Sua mãe tinha razão, você é bonita, Clarice!

— Obrigada! Mas, quando eu era criança não era bem assim, não. Na pré-adolescência, eu tinha as pernas longas, dentes grandes, olheiras profundas e cabelo armado. Na escola, me chamavam de Pernalonga e Mônica dentuça.

Continuei:

— Naquela fase, eu ficava retraída, me sentia excluída, não podia ir à missa igual as outras crianças, porque aquela não era a crença dos meus pais. Não podia ficar em casa e ter aquela vida normal, que pai e mãe chegam em casa depois de um dia de trabalho e jantam juntos à mesa porque morávamos com minha avó e só víamos meus pais no final de semana. Me lembro que, aos treze anos, as crianças brincavam de bola, queimada, andavam de bicicleta e me convidavam, mas eu era tão fechada e "adulta", que pensava: 'que perda de tempo brincar'.

— Nossa, que audacioso para alguém de treze. — diz Laurinda com a expressão de quem está cada vez mais apreciando a conversa.

— Sim. Eu ia pro curso de datilografia ou outros cursos que eu sempre inventava de fazer. Desde bem nova, tinha a ideia de fazer algo que contribuísse para o mundo. Como uma criança pode pensar essas coisas?

— Nossa, Clarice, que pesado, você não se permitiu ser criança.

— Pois é. Eu sempre fui muito madura, provavelmente por conta das minhas experiências. A gente ficava com a minha avó materna, que era muito brava.

Mostro minha mão para ela:

— Está vendo essas marcas aqui? Eram os beliscões que minha avó me dava.

Laurinda bate as mãos nos próprios joelhos e fica chocada.

Contínuo:

— Com o passar dos anos, na fase adulta, a vida me ensinou a aceitar minha avó como ela era. Mas quando criança eu não tinha discernimento, e é claro que tudo isso deixou marcas. Algumas piores que as dos beliscões. Um dia, enquanto meus avós dormiam, depois do almoço, eu tive a terrível ideia de comer leite ninho escondido, porque eu amo leite ninho.

Laurinda ri inocentemente e pergunta:

— Mas me conta, o que aconteceu com o leite ninho escondido?

Encho o peito e solto devagar.

"Essa história não é leve para mim. Mexe com traumas profundos. Como pode?"

— Peguei uma lata de leite ninho na casa da minha avó e comi tudo, de colherada. Só que minha falta de sorte foi que quando a minha avó acordou, ela viu o pó branco do leite ninho espalhado pelo chão de ladrilho vermelho, aqueles bem antigos, sabe?

Laurinda me olha, atentamente, em silêncio, curiosa pela história. Então eu dou continuidade:

— Era uma sexta-feira, dia em que meu pai sempre nos buscava pra irmos pra casa e ficar com eles no final de semana. Eu tinha apenas cinco anos. Quando meu pai chegou, minha avó mais do que depressa, nervosa, foi falar para ele, que eu era uma ladra e que eu havia pegado e escondido o leite ninho dela. Acredito que meu pai ficou tão desnorteado com a acusação da minha avó, que a reação dele foi me pegar pelo braço e andar comigo até a porta da cadeia, que era umas dez quadras da casa da minha vó: o famoso cadeião de Londrina. Durante todo o caminho, ele ia dizendo que eu ia ficar presa, pois quem rouba fica preso.

— Não... Seu pai não fez isso? — pergunta Laurinda, agora com o semblante preocupado, percebendo que uma história que ela achava ser inocente e engraçada, era muito séria e traumatizante.

Balanço o pescoço para cima e para baixo, com os lábios cerrados, antes de continuar:

— Eu fiquei desesperada. Lembro da sensação até hoje. Quando chegamos na esquina da cadeia, um prédio enorme amarelo, fiz xixi na calça.

— Que horror, eu sinto muito Clarice. Apenas, cinco anos...

— Eu também, Laurinda, sinto pelo meu pai, sinto pela minha avó, sinto pelo meu irmão que presenciou isso comigo e sinto por mim, por ser tão pequena e ter passado por um medo tão grande.

Ela apenas gesticula concordando e segue em silêncio, então eu continuo:

— Hoje eu aprendi a entender e aceitar essa atitude do meu pai, e até da minha avó, sem julgamentos. Foi como eles aprenderam com os pais deles, ou o que eles não receberam dos pais. Hoje fico imaginando como foi na época deles. As histórias simplesmente se repetem, como um grito pedindo pela cura desses padrões de repetições.

— O que você quer dizer?

— Quero dizer que nós herdamos os padrões de comportamentos de nossos pais, avós e de toda nossa ancestralidade, só não nos damos conta de que estamos repetindo esses padrões. Enquanto não os reconhecemos, eles continuam a se perpetuar, de geração em geração.

Laurinda fica me olhando com cara de quem não entendeu bem.

Eu tento me explicar melhor.

SOBRE PADRÕES DE REPETIÇÕES

A Constelação Familiar Sistêmica diz que nós não herdamos apenas a genética de nossos pais, avós, bisavós, tataravós etc., mas toda a história de nossa ancestralidade, desde as características físicas, como doenças, até os comportamentos individuais e coletivos, como talentos, medos, traumas, dores. Vivemos dentro de um campo de energia com nossos ancestrais, onde um está conectado ao outro, influenciando o tempo todo.

Isso quer dizer que, se um ancestral, por exemplo os avós, sempre viveu em discórdia, acompanhado de traições e violência física, é provável que as gerações seguintes, inconscientemente, se conectarão com as dores desse ancestral, atraindo relacionamentos difíceis e repetindo as mesmas dificuldades em suas relações.

Quando uma mulher vem de um histórico familiar em que existiu abuso e violência, ela acaba aprendendo, de forma inconsciente, a ser leal a esse sistema e a repetir o padrão. A pessoa, então, não se permite uma vida amorosa saudável. E não importa se ela toma conhecimento do fato ou não. Carregamos em nosso ser não só uma genética biológica, mas também uma genética emocional na alma, e é por meio dela que nos conectamos com as dores dos familiares e decidimos sim repetir tudo o que já foi deles no passado. Por conta desse amor cego, fazemos um pacto oculto inconsciente e repetimos as histórias de nossa família, de geração em geração.

Quanto mais eu contava sobre Constelação Familiar, mais interessada parecia Laurinda. De vez em quando ela soltava um "Uau!!!".

— Que triste isso. Não acredito que alguém, por conta desse amor cego, iria querer carregar as dores da família. — Duvidou Laurinda, movendo a cabeça.

— Não é bem uma questão de querer, porque isso não ocorre num nível consciente. Enquanto não percebemos que estamos seguindo uma repetição de padrão no sistema, continuamos sofrendo as consequências dessas repetições. Já o contrário, se tomamos consciência, conseguimos olhar com mais respeito as histórias e dores de nossos ancestrais. O ciclo se rompe e, a partir daí, temos condições de atrair pessoas melhores, podendo usufruir de uma vida mais leve e prazerosa.

Laurinda suspira e apenas me olha.

— Quando não reconhecemos algum membro da família, mais tarde um novo membro disposto, de forma inconsciente, volta a repetir o comportamento do membro excluído. Outro exemplo é quando há uma pessoa alcoólatra. Se o avô foi alcoólatra, é possível que o tio, a tia, o pai, a mãe, ou outros do sistema também o sejam. A história continuará se repetindo com os membros mais novos depois, como um irmão, um filho, filha, sobrinhos... Familiares costumam carregar e repetir as dores uns dos outros, devido às exclusões anteriormente vividas no sistema. As próximas gerações repetirão o padrão de alcoolismo, por exemplo, com a intenção inconsciente de honrar e solicitar de volta o lugar daquele que foi excluído. Tudo isso se dá por lealdade. É como se o membro que carrega a repetição dissesse ao excluído: "seguimos juntos, somos iguais, eu sigo você na dor". E isso sempre acontece quando uma pessoa é posta de lado, não é aceita ou não é reconhecida dentro de um sistema. A exclusão é um dos maiores equívocos que podemos cometer na família. — continuo explicando, ainda mais segura de que ela está atenta a este saber:

— O conhecimento sobre a Constelação dá consciência sobre nossos próprios padrões. Com isso, fica possível direcionar o comportamento à satisfação pessoal e cura.

— Pelo que estou percebendo, então, você se cura de forma profunda, seria isso?

— Sim, isso mesmo Laurinda. E os benefícios não são somente para quem procura a Constelação, mas se estendem para todos os membros familiares, estejam vivos ou não: todo o sistema é curado.

— Parece mágica! — disse Laurinda, com uma aparência surpresa, mas aliviada.

— O reconhecimento dessas repetições pode sim, Laurinda, trazer a cura, como se fosse mágica. Os padrões de repetições podem se dar através de doenças, alcoolismo, sequência de abortos espontâneos, insanidade mental, vícios, manias, casamentos falidos, mulheres abusadas e pouco amadas, e tudo mais que se puder pensar em termos de comportamentos.

— Estou aqui a pensar nos meus.

— Pense, pois você pode transformar sua vida quando começar a se dar conta do que faz inconscientemente por lealdade ao seu sistema familiar.

— Pelo que percebo, o ciclo de repetição ocorre num nível do inconsciente, de forma individual ou coletiva. Entendi corretamente, Clarice?

— Sim. E quando se atinge essa compreensão, além de romper o que machuca, se permite o entendimento daqueles que nos machucaram com mais aceitação e menos julgamentos. Por isso é tão transformador, tão mágico, como você disse, pois torna leve este novo olhar em direção daquilo e daqueles que nos feriram.

Ela suspira.

Eu finalizo:

— Compreensão, aceitação e não julgamento! A vida flui!

Olho para o céu e percebo que vai chover.

— Vai chover, Laurinda!

Ambas pegamos um guarda-chuva de dentro de nossas bolsas.

Eu caio no riso:

— Você veio de Portugal e trouxe guarda-chuva?

— E Londres não é conhecida mundialmente por todas as estações do ano em um só dia?

Um chuvisco bem fininho começa a cair e eu continuo olhando o castelo.

Olho para Laurinda:

— Nem mesmo com a chuva esse lugar perde seu deslumbre!

Ela me olha profundamente e completa:

— Nem mesmo com as dores a vida perde seu encanto!

"Que percepção incrível!"

Continuamos olhando para o Palácio de Buckingham e viajando em nossos pensamentos...

CAPÍTULO 2

MARCAS DE ADOLESCÊNCIA

"Alguns pensam que estão buscando a verdade de sua própria alma, mas a Alma maior está pensando e buscando através deles."

Bert Hellinger

O processo de Constelação Familiar Sistêmica é muito intenso. Uma única sessão pode trazer informações relevantes e escondidas de décadas na vida de uma pessoa, o que traz profundo entendimento e alívio, além de cura e transformação que podem ficar reverberando no campo do constelado por até dois anos. Existe tanta sabedoria nesse processo que, mesmo com tamanho resultado em uma única sessão, ainda há mais para se saber. A Constelação é como a vida: quanto mais se vivencia, mais se aprende com a prática.

Quando uma pessoa assiste apenas a uma sessão de Constelação, ainda assim, ela é beneficiada pela energia que se move ali. Bert Hellinger dizia que um representante nunca é escolhido por acaso, pois quem participa do movimento tem alguma conexão com o tema trazido pelo constelado e, por isso, ele também se cura. É importante lembrar que em uma sessão de constelação estamos em ressonância uns com os outros.

Se em uma sessão for trabalhada a relação entre mãe e filha, por exemplo, escolhe-se uma pessoa que irá representar a mãe e uma outra pessoa que irá representar a filha. Essas pessoas escolhidas para serem representantes provavelmente vivem situações ou problemas de relacionamento muito similares ao tema que está sendo tratado ali, isto é a ressonância do campo. Igualmente, aquele que apenas assiste ao movimento em uma sessão de Constelação também trabalhará algo para si e para seu próprio sistema familiar.

Não apenas o que é visto no momento da Constelação é trabalhado, mas todo o conhecimento das leis sistêmicas, que são absorvidas pouco a pouco, conforme a pessoa acessa esse conhecimento. Com o passar dos anos, quem adquire essa compreensão passa a ver toda a vida por um olhar sistêmico. Tudo muda. O entendimento da vida, das pessoas e de seus movimentos se tornam outros. Ainda que seja um olhar mais profundo, também é mais delicado e sutil. Tudo na vida tem um significado que, por menor que pareça, afeta todo o restante.

A vida é assim. Quando crianças, não temos discernimento de nada, exceto do que nossos pais dizem para nós. Na adolescência, nosso olhar muda e passamos a questionar tudo e todos, inclusive nossos pais: o que eles nos ensinaram e o que eles fizeram ou fazem. É aí que começamos nossos próprios julgamentos. Depois, levamos anos para desconstruir tudo isso.

Enquanto na infância, vemos nossos pais como seres perfeitos. Na adolescência, entendemos que os pais são totalmente imperfeitos. Só depois, quando adultos, e quando nos tornamos pais, é que percebemos que nossos progenitores são simplesmente seres humanos, passíveis de erros e acertos, como qualquer um.

Tive uma infância muito desafiadora e minha adolescência foi um pouco diferente da maioria. Desde muito nova, achava que tinha que levar a vida a sério e ser uma pessoa útil. Não saía para brincar ou paquerar como a maioria das minhas colegas, minha preocupação era a de estar sempre buscando aprender algo. Comecei a trabalhar cedo e nunca mais parei.

Quando se começa o processo de Constelação Sistêmica e se sente a transformação e a cura que ela promove, é a mesma coisa: você começa e não para mais. O convite é para melhorar sempre.

Se a vida é um movimento constante, a Constelação é o processo perfeito para acompanhar essa movimentação, promovendo autoconhecimento e cura o tempo todo.

Quanto mais se pratica, mais se quer e melhor se vive!

ferentes e separadas. Depois disso, meu pai montou um bar e restaurante bem no centro da cidade.
— Respiro profundamente, fecho os olhos e sinto minha mente em outro lugar, como num passe de mágica.

Londrina, 1978.

Eu estou correndo para lá e para cá, na cozinha da casa onde eu morava, quando ainda tinha nove anos de idade. Meu irmão, faminto, reclama:
— Tô com fome!
— Calma, garoto, o pai e a mãe já vão chegar. — Tento acalmar meu irmão.
Olho no relógio de parede e vejo que são quase nove da noite e continuo tentando acalmá-lo:
— Eles já vão chegar, tenha um pouco mais de paciência!
Meu irmão abre a geladeira e procura alguma coisa para comer, mas não tem muita coisa. Ele anda de um lado para o outro, bem incomodado.

Enquanto Laurinda e eu ainda estávamo[s] [sen]tadas de frente ao imponente Buckingham, [escor]rando nossas sombrinhas, muita gente foi en[trando]. Mas nós seguimos conversando:

— Clarice, você falou um pouco sobre su[a in]fância. Mas e quando você virou adolescente? [Você] continuou morando com sua avó? E continuo[u to]mendo leite ninho? — Ela faz cara de nojo e b[ai]ça a cabeça, rindo.

— Ai, ai... Amo leite ninho até hoje! E, sim[, não] consegui sair da casa da minha avó. Mas, como t[udo] na vida, isso veio com vantagens e desvantagen[s].

— Diga lá!

— Por volta dos meus oito anos, meu pai c[on]seguiu construir uma casa no mesmo quintal [da] casa da minha avó e nós fomos morar, então, [na] nossa casa.

Chacoalho a sombrinha para escoar a água [de] cima dela.

— E a avó?

— Continuou a morar na casa dela, nos fund[os] da nossa casa. Pelo menos, agora eram casas [di]

Escuto o barulho do portão abrindo e o carro estacionando na garagem.

— Olha lá, chegaram! Ufa!

— Ele abre a porta da cozinha, que dá com os fundos da casa e sai gritando:

— Êêêbaaaa, tô com fome, mãe!

Ouço ela respondendo:

— Toma! Toma, vai comer.

Vejo ele voltar com uma marmita na mão.

Já tem pratos e talheres sobre a mesa, que eu mesma arrumei, como todos os dias.

Ele coloca a marmita na mesa, abre e começa a se servir.

Meus pais entram:

— Oi, filha, tudo bem por aqui?!

— Oi, pai! Oi, mãe! Tudo bem, sim.

Começo a me servir também.

Minha mãe segue para o banheiro e meu pai para a sala.

É todo dia assim, passamos o dia sozinhos, enquanto eles trabalham. E eles trabalhavam muito.

LONDRINA, SETEMBRO DE 1979.

Minha mente continua navegando por vários lugares e momentos marcantes, enquanto narro minha história de vida para minha nova "amiga" Laurinda.

Mais uma lembrança...

— Nossa, Atílio, não acredito! Você vendeu mais tíquetes para mim?

O melhor amigo do meu pai, que também virou amigo da família toda, me olha, sorrindo:

— Você não quer ser a nova Rainha da Primavera?

Passo a mão no rosto, me sentindo envaidecida.

— Quero!

"Eu vou ser a próxima Rainha da Primavera!"

Todo ano, a escola faz esse concurso entre as meninas. E ganha quem vende mais ingressos para o baile.

Como meus pais estão sempre trabalhando, eles não têm tempo pra me ajudar com a venda dos tíquetes, mas o Atílio me prometeu que esse ano eu vou conseguir.

Apesar dos apenas dez anos de idade, sinto o estômago revirar de tanta ansiedade, enquanto aguardo o resultado do concurso, no palco.

"Ai, meu Deus, me ajuda a não desmaiar, por favor!"

Ponho as duas mãos na cabeça e vejo Atílio na plateia, me olhando com amor.

Ele faz um sinal de joia.

"Calma, Clarice. Calma!"

Olho para a professora em cima do palco, que está prestes a anunciar o resultado de quem será a Rainha da Primavera do ano de 1979.

— E a grande vencedora do concurso deste ano da Rainha da Primavera é uma aluna muito querida entre todos nós...

"Ai, meu Deus, quem será? Será que sou eu?"

— Ela tem se mostrado uma aluna muito esforçada e este ano foi quem mais vendeu ingressos para o nosso baile...

"Bom, ingressos eu sei que vendi mesmo. Eu não, né? O Atílio."

Aperto a barriga, sentindo uma pontada alucinante na parte de baixo.

"Eu não posso ir ao banheiro agora, meu Deus, me ajuda!"

Olho para o Atílio de novo.

Enxugo a testa e volto a olhar para a professora:
— A nossa grande vencedora é a...
"Fala logo, professora, pelo amor de Deus!"
— Clarice Bomba!
— Oi? Eu? Quem? Sou eu mesma? Consegui, consegui!

Ela vem sorrindo na minha direção e coloca uma coroa de flores em volta do meu pescoço e uma coroa de papelão dourado sob a minha cabeça:
— Parabéns, Clarice! Você é a nova Rainha da Primavera!

Meus olhos se enchem de lágrimas.
— E eu vou mesmo dormir na casa da Diretora hoje?
— Claro que vai, faz parte do prêmio, não faz?
"Eu não acredito, vou dormir na casa da Diretora!"
Olho o Atílio batendo palmas para mim.
Sussurro para ele:
— Eu consegui!
Ele bate palmas.
A professora coloca uma faixa em mim escrito "Rainha da Primavera" e faz sinal para que eu desfile no palco.

Dou os passos ensaiados, me sentindo importante e bonita. Pela primeira vez na vida.

— Eu sou a Rainha da Primavera!

Me sinto o máximo, como nunca...

Respiro fundo e abro os olhos. E percebo que, na verdade, estou em frente ao Palácio de Buckingham, ao lado da Laurinda, em um momento bem diferente da minha vida.

— Então a primeira vez que você foi rainha foi aos dez anos de idade, Clarice?

— Você viu? Mesmo que tenha sido por venda de tíquetes, ganhar aquele concurso fez um bem enorme pra minha autoestima, Laurinda.

Me remexo nas escadarias para achar uma nova posição.

— De que maneira? — perguntou minha querida ouvinte de Portugal.

— Fiquei mais popular na escola, as pessoas queriam ficar mais ao meu lado e falar comigo. Eu me achava incrível!

Ela olha para o castelo e fala, olhando para ele:

— Tia Beth, temos aqui a Rainha da Primavera, bem em frente ao seu castelo.

Solto uma gargalhada.

— Quem dera eu tivesse tido uma vida de rainha igual a Tia Beth. Você nem imagina tudo que veio depois. — E me preparo para mais uma história da minha vida.

Londrina, 1984.

Tenho agora quinze anos e moramos em outra casa, agora bem no centro da cidade, para onde nos mudamos, por conta do restaurante maior que meu pai comprou.

Estou ajudando a cuidar da minha irmã que acaba de nascer, tem pouco mais de seis meses.

— Não chora, irmãzinha, mamãe está terminando o almoço para os clientes e já vem... Eu tô aqui e vou cantar pra você, vou estar sempre aqui com você, viu?

Dou um beijinho na testa dela, começo a cantar uma canção de ninar e fico a admirando, como se fosse uma das minhas bonecas, que eu já não brinco mais.

"É tão fofinha!"

Olho para ela e converso:

— É, eu quase podia ser sua mãe. Quinze anos de diferença. Carrego minha irmã no colo, fico cantarolando e, ao mesmo tempo, contando minhas coisas pra ela, como se ela fosse minha confidente:

— Você é o meu amorzinho, sabia?

"Hum, se bem que eu já tenho um amor, viu? Até dancei com ele na festa de quinze anos da minha amiga. O nome dele é Leandro. Ele tem o sorriso mais lindo do mundo."

A porta da sala se abre, eu levo um "baita" susto e minha mãe entra.

— Pronto, Clarice, pode ir pro seu trabalho, agora eu fico com a sua irmã.

Solto um longo suspiro e a entrego para a minha mãe.

"É como se fosse uma filha para mim."

— Cuida bem dela, hein, mãe!

— Claro que eu cuido, vai trabalhar, vai.

Pego minha mochila e sigo para o meu primeiro trabalho (livraria) e alguns vizinhos mexeram comigo:

— E aí, Clarice? Vamos na piscina hoje à tarde?

— Não posso, vou trabalhar!

Ajeitei a mochila nas costas, que também estava com uns livros da escola para eu estudar.

— Trabalhar, Clarice? Mas você precisa? Seu pai é dono do restaurante!

— O restaurante é dele, não meu. Preciso trabalhar sim, porque quero ser útil na vida!

Eles só riram.

— E à noite? Você vai na festa do Marquinhos?

— Não!

Continuava dando meus passos e eles insistiam na conversa:

— Vamos pra festa, Clarice, eu pago pra você.

— Não, obrigada!

"Esses meninos não têm o que fazer, gente? Eu vou ser alguém na vida. Ah, se vou! Não tenho tempo a perder!"

Sigo caminhando, olhando para a frente!

Entrei na livraria e cumprimentei minha gerente:
— Boa tarde!
Ela olhou no relógio:
— Você está cinco minutos atrasada, Clarice!
"Cinco minutos? Sério que eu tenho que levar um sabão por causa de cinco minutos?"
Tentei me explicar:
— Mas são só cinco minutos, dona...
Ela nem me deixou terminar:
— Cinco minutos ontem, cinco minutos antes de ontem, cinco minutos hoje.
Abaixei a cabeça.
— Me desculpe.
— Não quero desculpas, quero que pare de se atrasar. Já falamos sobre disciplina, persistência e foco, certo?
Respondi, baixinho:
— Sim, senhora!
— Ótimo! Eu sei que você estuda e ajuda a cuidar da sua irmã em casa, por isso eu deixo você ler seus livros aqui no trabalho, porque acredito de verdade, que você quer ser alguém na vida. Mas não me decepcione.

— Sim, senhora.

Tirei a mochila das costas e coloquei sobre uma cadeira. Me acheguei no balcão e comecei a organizar as fotocópias a serem tiradas. Respirei devagar e fiquei quieta, mas logo ela voltou a falar comigo:

— E o seu curso de inglês, como é que ficou?

— Não ficou. Meu pai reclama tanto do preço que eu fico com vergonha da professora. Desisti.

— Sério?

Eu só concordei balançando a cabeça.

— Mas seu pai, hein? No início, não queria que você trabalhasse e agora não paga seu curso de inglês? Ele deveria motivar você e não o contrário.

Respondi, sussurrando:

— Eu sei. Ele não faz por mal, acho que ele não entende por que alguém precisa falar inglês.

— Sinto muito, menina. Mais um motivo para você seguir no caminho do estudo e do trabalho.

"Ela tem razão!"

Ela tocou nos meus ombros e me encarou:

— Um dia, você mesma vai pagar seu curso de inglês!

— Obrigada por acreditar no meu futuro, Dona Célia!

Continuo meu trabalho, mas não vejo a hora de chegar o horário do almoço. "Que fome!", escuto o barulho do meu estômago reclamando.

— Clarice, nós vamos comprar um marmitex para o almoço, você quer um também?

— Não, meninas, obrigada! Eu vou almoçar em casa, assim não gasto meu pobre salário-mínimo.

Rimos e eu caminhei para minha casa.

O restaurante dos meus pais estava cheio, minha mãe na cozinha, na maior correria.

— Ah, Clarice, que bom que você chegou! Por favor, leve este marmitex ali na casa da Elisa.

— Ah, não mãe! Tô tão cansada, só tenho uma hora de almoço.

— Corre lá, menina! Isso aqui tá uma loucura hoje, o pedido dela já tá quase meia hora atrasado.

Saio bufando, mas vi o apuro da minha mãe e achei injusto não ajudar.

Cheguei na casa da Elisa e bati na porta.

— Dona Elisa, aqui está o marmitex que minha mãe mandou entregar pra senhora.

Ninguém responde.

— Dona Elisa! Olá...

Escutei o filho dela gritando, lá do fundo:

— Entra, por favor, e deixa o marmitex em cima da mesa da cozinha. Minha mãe deu uma saída.

Seguindo as orientações dele, fui até a cozinha e, de repente, escutei a porta bater.

Me virei para sair, com o coração acelerado e dei de cara com o filho dela na minha frente. Ele vem para cima de mim, como um animal feroz e começou a passar a mão por todo o meu corpo. "Você está louco? Me solta!"

Levei um tempo para entender o que estava acontecendo.

— Pelo amor de Deus! O que você tá fazendo? Tá louco? Para com isso. Vou contar pro meu pai o que você tá fazendo.

— Conta, que eu nego até a morte.

— Me solta!!

Ele continuou e o desespero tomou conta de mim. Ele ergueu minha saia, eu entrei em pânico. Comecei a estapeá-lo e tentei gritar. Ele tapou minha boca com uma das mãos e a outra deslizava por todo meu

corpo, invadindo minhas partes íntimas. Estava desesperada! Tento fugir, mas era impossível!
Comecei a chorar e implorar.
— Por favor, para! Nossas mães são amigas, não faz isso comigo.
Ele fingiu não me ouvir, abriu o zíper de sua calça e se esfregou em mim feito um animal selvagem. De repente, gemeu, cheirou meu pescoço, me soltou e em seguida disse:
— Some daqui, antes que minha mãe chegue.
Eu corri para a porta feito louca, só queria sair. Estava zonza, assustada e sentia um cheiro forte e desconhecido, impregnado nas minhas roupas.
Fugi.
Em desespero e total confusão.
Entrei correndo em casa e minha mãe gritou lá da cozinha:
— Entregou o marmitex da Elisa, Clarice? Por que você demorou tanto?
— Entreguei sim. Vou tomar banho mãe, tô com muita dor de cabeça.
— Venha almoçar primeiro, deve ser fome.

— Depois mãe, depois...
Entrei no chuveiro e chorei muito.
"O que foi isso, meu Deus? E se alguém ficar sabendo? Que vergonha, que vergonha!"
Esfreguei meu corpo, tanto, tanto que doía! Sai, sai! Só quero que isso saia de mim, que nojo!"
Estava envergonhada, com nojo, raiva e todos os sentimentos do mundo misturados ao mesmo tempo.
Não consegui voltar ao trabalho por dias, tive febre e me calei totalmente sobre o ocorrido.

Sinto um abraço e volto para o tempo real.
Era a Laurinda, que não se conteve e me abraçou fortemente, como se fosse uma velha amiga.
— Meu Deus, Clarice! Estou indignada. Quantos anos mesmo você tinha?
— Dezesseis.
— Desculpe a pergunta! Você perdeu sua virgindade com este monstro?
— Eu achava que sim, Laurinda. Tive que me informar bastante pra entender que não era da-

quele jeito que se perdia a virgindade. Naquela época, uma menina de dezesseis anos era ainda muito inocente, bem diferente das meninas de hoje em dia que têm muito mais informações.

— Que dó! E depois, como você ficou?

— O pior você não vai acreditar.

— Ele era filho único da Dona Elisa. Ela já era uma senhora bem mais velha que minha mãe. O marido dela a abandonou, quando esse rapaz ainda era bem pequeno. Ele era lindo, tinha uns olhos grandes e bem azuis. Mas, ao mesmo tempo, estranho, solitário e calado. Ele era tudo praquela mãe. A razão da vida dela.

— Porque você diz era, Clarice?

Voltando à minha história.

No dia seguinte do ocorrido, eu estava de cama com febre alta e minha mãe entrou no meu quarto para me dar um remédio.

— Toma esse remédio filha! Você deve estar com alguma infecção, pra estar tendo essa febre. Se até amanhã você não melhorar, vamos ao médico. Espero que você fique bem logo filha! É muito triste ver um filho doente, mas triste mesmo é o que a Elisa está passando!

— A dona Elisa, que compra marmitex no nosso restaurante? Perguntei aflita.

— Sim! Ela acabou de perder o filho. Todos os comerciantes vizinhos só falam sobre isso hoje.

— Como assim, perdeu o filho dela? O que aconteceu, mãe?

— Ele tirou a própria vida, com um tiro. Você acredita nisso? Que tristeza pra essa mãe!

E foi isso que aconteceu Laurinda.

— Aquela notícia me congelou! Aliás, acho que até hoje continuo congelada, quando penso nisso. Eu não queria esse fim para ele. Muito menos pra Dona Elisa, que era uma mulher boa. Minha mãe até hoje é amiga dela.

— Que triste isso! Você acha que ele tirou a vida por causa do que ele fez com você?

— Não sei, mas acredito que ele não conseguiu lidar com a situação, e achou mais fácil tirar a própria vida, ao invés de procurar ajuda.

— E quantas pessoas passam por isso, por não se aceitarem, não é mesmo?

"Lamento, por ele, por mim, e pela mãe dele."

— Essa foi minha primeira experiência com o masculino, Laurinda.

VIOLÊNCIA SEXUAL

Desde que o mundo é mundo, inúmeras mulheres, crianças e adolescentes sofreram violência sexual. Atualmente, parece algo menos comum, mas isso não é verdade. A única coisa que mudou é que as vítimas ganharam força e, consequentemente, voz, para expor o problema e o trauma de anos, até décadas, vivenciados por essa violência.

São necessários muitos anos para digerir essa invasão. Sim: invasão!

Nosso corpo é um altar sagrado. A maior violência que alguém pode sofrer na vida é a violação desse corpo, e ninguém deveria se sentir no direito de cometer essa violência.

Quando uma pessoa é violada fisicamente, acontece ainda, em maior profundidade, a violência psicológica e emocional, que fica registrada no inconsciente, de forma profunda, dolorosa e devastadora.

Quando o abuso ocorre em pessoas jovens e crianças, lida-se com a culpa, a vergonha e o desconhecimento do que se passou.

Existe a dor física, mas, em maior grau, a dor moral e emocional, que fica para o resto da vida. Leva-se quiçá décadas para se digerir o sofrimento causado por esse trauma. Há a vergonha, a culpa e a falsa ideia de que as vítimas foram, de alguma forma, responsáveis pelo ocorrido. Isso quando não são induzidas a essa crença pelos seus próprios abusadores, de forma muito providencial a eles mesmos, na perpetuação da violência e do abuso.

Veja o caso, por exemplo, de alguns ex-coroinhas que levaram décadas para denunciar os líderes da igreja. Ou de figuras famosas que levaram anos para expor suas experiências. Por que isso acontece? Porque todas essas pessoas, em primeiro lugar, tiveram que processar suas dores, compreender o que houve dentro delas, o que sentiram, a repulsa, a culpa, a vergonha e tudo o mais.

São décadas para compreender que elas podem falar sobre o assunto, para trazer à tona o que ficaram anos tentando esquecer.

Pode levar uma vida para se compreender que a tentativa de esquecimento é apenas uma ilusão. Falar é o que resolve. Olhar para a dor, reconhecê-la e, só depois disso, curá-la. Ela provavelmente não irá embora, mas será vista com um novo olhar.

Se você passou por isso, espero que o relato da minha própria história seja uma inspiração para que você possa olhar para sua dor e trabalhá-la, ao invés de continuar escondendo o que sente. Temos que curar essas dores e abrir o caminho da informação para ensinar e motivar os demais sobre o que fazer e, principalmente, sobre como evitar e denunciar o abuso.

Quando alcançamos essa cura, nos tornamos capazes de usar o trauma em prol dos outros, para que um dia possamos viver numa sociedade em que o abuso não seja aceito e muito menos escondido. Por ninguém!

É a primeira vez na minha vida que conto essa história tão abertamente. Escrever este livro me permitiu repassar as minhas dores e olhar para elas sob um novo ponto de vista, com uma compreensão mais profunda, mais autoacolhimento e autoamor. Agora posso usar tudo o que vivi em favor de proteger outras pessoas.

Eu melhoro meu passado e meu olhar sobre ele, construindo um entorno melhor para mim. E esse comportamento perpetuado é o que muda o mundo.

Força, coragem! Você também consegue!

Abuso, comigo não! Nunca mais!

Londrina, 1987.

Mais três anos ano se passaram e minha segunda irmã nasceu. Moramos na mesma casa, onde também é o restaurante dos meus pais. Nossa casa ficava nos fundos, o que me permitia ajudar minha mãe a cuidar da casa, das minhas irmãs e das minhas tarefas escolares. Mas, às vezes eu sentia que tinha responsabilidades demais para alguém da minha idade e depois do ocorrido com o filho da Dona Elisa, fiquei ainda mais fechada.

Meu pai entra na sala e pergunta:

— Clarice, você já tá indo pro curso de datilografia?

— Tô sim, pai. Tô indo e depois de lá, já vou pro trabalho.

Ele coloca as mãos na cintura e fica me olhando:

— Volte assim que sair da loja! Não vai ficar "zanzando" por aí, à toa.

— Claro que não, pai!

Suspirei, peguei minha mochila e segui, pensando na vida.

"Um dia, eu vou fazer faculdade, ter um trabalho legal, ganhar meu dinheiro e vou poder 'zanzar por aí' sim. Por onde eu quiser!"

Agora eu trabalhava numa loja de departamentos muito conhecida e gostava de aprender ao máximo todas as oportunidades que chegavam até mim, mesmo sendo muito cansativo.

— Gosto de estudar e trabalhar! — falo sozinha e sigo para o meu curso de datilografia e para a rotina do meu dia...

Final do dia. Cheguei em casa, sexta à noite, depois de uma longa semana.

"Meu Deus, como estou cansada! Amanhã quero dormir até tarde. Afff!!!, mas se eu faltar no grupo de jovens, meu pai vai encher o saco."

Na manhã seguinte, acordei já passado das dez da manhã. Dei de cara com meu pai tomando um cafezinho, antes de acender mais um cigarro.

— Bom dia, pai!

Ele nem me dá bom dia e está com a cara amarrada. Me perguntou com um tom de voz bravo:

— Por que você não foi no grupo de jovens hoje, hein Dona Clarice?

"Ai, meu Deus! Eu sabia que ia dar rolo..."

Engoli seco e comecei a me explicar:

— Pai, eu tava muito cansada! Minha semana foi muito puxada, eu precisava dormir até mais tarde hoje.

— Dia de dormir é no domingo! O que eu ensinei a vida toda pra você? Não, ensinei que Deus vem sempre em primeiro lugar? Será que você não aprende nunca a fazer a coisa certa?

"Nossa? Precisa de todo esse drama?"

— Pai, por favor, né? Dá um tempo! Eu já tenho dezessete anos, trabalho, estudo, ajudo em casa, sempre vou no grupo de jovens, nas reuniões da casa espírita e parece que pro senhor nada tá bom. Faço o meu melhor! E o senhor, acha que tá fazendo o seu melhor? Quantos cigarros, por exemplo, o senhor já fumou hoje?

Nesse momento, ele deu um tapa forte na minha boca, tirou a cinta e ameaçou me bater como foi durante minha infância e juventude inteira.

Engoli o choro e só escutei minha mãe:

— Pelo amor de Deus, vocês já vão começar? Por favor, parem com isso!

Minha mãe sempre foi de ficar em cima do muro. Ela adoecia com qualquer tipo de brigas ou confusões. Nunca deu muita opinião, mas eu sei o quanto ela sofria com as discussões costumeiras entre meu pai e eu.

Meu pai começou a chorar, acredito que de nervoso e de arrependimento por ter me batido.

"Era sempre assim. Ele era severo, bravo, nervoso. Assim era o jeito que ele sabia educar: batendo de cinta, chinelo, tapas... Mas depois, sem exceções, chorava feito criança. Nunca vi tanto amor e tanta vontade de disciplinar ao mesmo tempo."

Respirei devagar, sentida, mas fiquei muda, olhando para o chão, com um sentimento de tristeza por não conseguir ter uma convivência harmoniosa com ele. Acreditava com todas as forças que, apesar de ele ter sido um pai absolutamente responsável com a família e um ótimo marido para minha mãe, ele não amava a mim como a meu irmão.

Foi assim que cresci, sentindo essa falta de amor. Na minha cabeça, não conseguia entender como alguém que ama, bate.

QUEM AMA BATE?

Quem ama bate? E quem cresce num lar onde a agressão é vista como forma de educação e punição, assume a agressividade como amor ou parte do amor?

Quantas meninas passam por isso na infância, depois crescem e entram em relações abusivas? E quantos meninos, mais tarde, serão agressores por verem na agressividade a emoção de amor que viveram em casa, com os pais? Muitas creem que essa relação tóxica e abusiva é normal, pois essas crianças vivenciaram isso na pele anteriormente. Leva-se anos, décadas, e até uma vida inteira, para se desconstruir as crenças da infância, daquilo que aprendemos com quem mais amamos e confiamos.

A experiência do amor com nossos pais é o que levaremos para a vida adulta e, quiçá, até o túmulo. Felizmente, o autoconhecimento e as diversas ferramentas de desenvolvimento pessoal, terapia e autoconhecimento têm permitido que pessoas adultas possam olhar para essas questões e se perguntar: Quem elas foram na infância? Quem foram seus pais? De que forma eles foram amados? Será que eles fizeram melhor do que receberam? É possível transformar essas dores em algo melhor agora?

Quando encontramos o caminho do sim para essas questões, há grandes possibilidades de um processo de cura e transformação, por vezes, libertador, quando se abre os olhos de quem vive de forma abusiva para o entendimento de que a vida não necessita ser dessa forma.

Se você é alguém que vivenciou agressividade e violência na infância, olhe para essa experiência com abertura para transformação. Amor não é violência. Nada parecido com isso deve ser perpetuado, mas sim interrompido.

Ame-se em primeiro lugar Entenda que amor é algo que permite a você sentir leveza.

Seus pais fizeram, ou ainda fazem, como sabiam fazer. Porém, os tempos de agora são outros e nenhuma forma de violência é admissível: não existe amor na violência. Comprometa-se hoje em ser você o seu maior e mais irresistível amor e compartilhe desse amor com todos que encontrar pelo caminho. Seja amor. E veja um processo transformador acontecer na sua vida!

LONDRINA, 07 DE JUNHO 1987.

Continuei na loja de departamentos. Naquele dia, a máquina copiadora havia quebrado.

"*Porcaria. Vai sobrar para mim e atrasar todo o meu serviço!*"

Tentei reiniciá-la, antes do técnico chegar.

"*Vai que funciona?*"

Balancei um pouco a máquina:

— Funciona, vai, funciona!

Passo a mão na copiadora, como se ela pudesse funcionar após um carinho e uma palavra amiga.

Rio sozinha.

De repente, o técnico chega:

— Oi, vim arrumar a máquina de xerox.

— Vou explicar o que aconteceu. Esse botão aceso aqui não para de piscar e o outro parou de acender, eu acho que o problema é...

Ele me interrompe bruscamente e diz:

— O técnico aqui sou eu!

— Seu grosso!

Ele me encara, como se estivesse flertando junto com a grosseria dele.

Sinto meu rosto ruborizar e não consigo disfarçar. Me pego muda e imóvel. De repente, me lembro de algo. "Espera! Não é esse cara grosso que aquela menina insuportável do andar de baixo paquera?"

Olho para ele sorrindo, já com segundas intenções de dar o troco para a menina chata do outro departamento: "Aquela insuportável vai ver só uma coisa."

— *Você vem sempre aqui?*

— *Sempre que a máquina quebra.* — *respondeu ele, sorrindo de canto, e continuou trabalhando.*

— *Você foi muito grosso, mas eu sou educada. Quer uma água?*

Ri e tentei ser simpática, mas ele era curto, grosso e falava pouco. Ele me olha, para de consertar a máquina e responde:

— *Quero!*

"Não acredito, me encantei por um cara grosso desse ou será que é porque eu quero incomodar a colega de trabalho?" Saí para buscar a água. "Não importa! Até porque no fundo ele é bem gato e gostei do seu jeito sério..."

Um ano se passou e eu estava em casa com meu namorado. Sim, o técnico da máquina de xerox. Minha família gostava dele. Meu pai achava que ele era um rapaz sério e isso o agradava.

"Eu também gostava muito dele, cada dia mais!"

— Amor! Se meu pai sonhar que estamos avançando o sinal desse jeito... Se ele souber, além de matar você, vai ser uma decepção pra ele e pra minha mãe, mais ainda.

— Mas, Clarice, eu amo você! Não tem lógica, a gente quer ficar junto de verdade. — ele respondeu, me pressionando.

— Já disse, só quando eu completar dezoito anos. Não vou fazer isso antes dos dezoito, de jeito nenhum! Faltam poucos meses pra eu completar dezoito. Tenha paciência.

— Ai, que difícil! Que diferença faz esperar os dezoito ou agora?

— Não é nada difícil. Depois dos dezoito já serei responsável pelos meus atos. E também não vou dar esse desgosto pros meus pais.

Ele riu, me abraçou e me beijou ao mesmo tempo, tentando me provocar mais ainda, para ver se eu mudava de ideia.

Meu namorado era três anos mais velho que eu e tinha o sonho de ser engenheiro. Acho que era por isso que eu gostava dele: ele estudava, trabalhava, queria ser alguém na vida, exatamente como eu também sempre pensei em relação a minha vida. Ele era responsável!

"O que me entristecia era estar namorando-o há mais de um ano e ainda não ter sido apresentada à família dele".

Os dias passavam, o namoro prosseguia, e a vida seguia.

Certo dia, eu estava entrando no banco e me encaminhei até a fila para efetuar um serviço. Enquanto aguardo minha vez, viajo nos meus pensamentos:

"Ai, que saudade que estou dele. Que difícil vai ser quando ele viajar e passar uns dias fora."

Olho o relógio e começo a bater o pé no chão.

— A fila não anda... — falava baixinho.

De repente, vejo meu namorado falando com alguém em outra fila. Meu coração disparou e se alegrou ao mesmo tempo em saber que ele ainda não viajara e que eu poderia estar com ele por mais uns minutinhos. Mas, espera! Percebo que ele tem uma aliança no dedo. "Mas como assim, ele está usando uma aliança?" Baixei a cabeça, me aproximei, ficando atrás de outra pessoa, e tentei ouvir a conversa.

"O que está acontecendo? Meu Deus! Minha cabeça gira, estou confusa."

Escutei ele dizer:

— Tô indo pra Taubaté hoje, minha noiva tá me esperando.

— E quando vocês vão se casar? Sua mãe adora ela, não?

Ele respondeu, todo sorridente:

— Nossa, minha mãe ama essa menina, parecem mãe e filha!

Não consegui me conter. Levantei a cabeça e fui até ele:

— Noiva? Que noiva é essa, que sua mãe adora?

Ele ficou assustado, arregalou os olhos, enquanto o homem com quem ele falava se distanciou.
Continuei falando, ainda mais alto:
— Responde, seu mentiroso! Quem é essa noiva de Taubaté?
— Eu, eu... posso explicar. Calma!
— Então, comece!
Saímos da fila e fomos para um canto, onde conseguimos um pouco mais de privacidade:
— Ela é uma namorada que eu tenho desde bem antes de eu conhecer você. Minha mãe é louca por ela. Depois que eu conheci você, não consegui romper com ela, por causa da minha mãe. Juro que tentei! E também por causa da família dela. Ela se mudou de Londrina pra Taubaté e eu achei que eu conseguiria aos poucos ir me desligando... Mas não consegui, por causa das famílias que tanto se gostam. E agora... agora ela... agora ela tá grávida!
— Noiva! Grávida! Que sua mãe adora! Por isso, nesses quase dois anos, você nunca me apresentou pra sua mãe. Agora começo a entender. Você tem uma noiva e ela tá grávida? É isso mesmo?

— Mas é você que eu amo, Clarice, eu juro!

Virei minha mão na cara dele e saí, falando alto enquanto chorava, tudo ao mesmo tempo:

— Você é um mentiroso! Coitada da sua noiva. Eu e ela somos duas vítimas enganadas por você. Nunca mais me procure seu canalha!

Fui embora, com tristeza, raiva, e, o pior de tudo, despedaçada por dentro.

"FDP!"

Chorei, chorei muito!

SOBRE O QUE NOSSA ALMA BUSCA

Hoje eu tenho a clara compreensão de que muitas de nossas ações são guiadas pelo inconsciente, que segue a memória de nossos ancestrais através de nós. Não apenas repetindo padrões, como já mencionado, mas honrando as dores de nossos antepassados.

Como isso ocorre?

Há uma necessidade inconsciente a alma de buscar situações para honrar as dores de nossos ancestrais. Isso significa que se algum antepassado foi traído no passado, é provável que atrairemos para nós pessoas que também irão nos trair. Isso ocorre no nível do inconsciente.

É impossível olharmos para alguém e sabermos se essa pessoa vai nos trair um dia ou não. E mais ainda: quem, em sã consciência, escolheria alguém que irá traí-la no futuro? Porém, nosso inconsciente sabe disso tudo e sabe reconhecer essas características no outro, fazendo com que este venha em nossa direção.

Isso quer dizer que se me casei com um homem abusivo, é por honra a algum ancestral meu? É possível que sim. Assim como, se alguém se torna alcoólatra, suicida ou sofre abortos espontâneos, tudo isso provavelmente está ligado à honra aos nossos ancestrais que carregamos de forma inconsciente.

De quem era a dor quando nós vivemos sob o mesmo teto, muitas vezes por anos, com alguém que não nos respeita? Certamente existem motivos que não somos capazes de reconhecer, mas nosso inconsciente sabe e honra.

E como sair disso?

Os processos de Constelação permitem o reconhecimento dessas dores, a honra e o respeito por aqueles que vivenciaram situações difíceis e, por seguinte, a liberação dessa dor, permitindo que os descendentes possam seguir sem ela. A Constelação liberta! E a alma fica leve para sermos e fazermos diferente. Quando se reconhecem as dores dos ancestrais, curamos nosso próprio sistema, os que aqui e agora estão e os que ainda virão.

LONDRINA, 1991.

O trauma vivido pela traição do meu primeiro amor ficou enterrado em meu inconsciente, como uma dor muito profunda. Ainda que pareça escondida, ela fica lá, latente e viva, influenciando toda a nossa vida. Os sonhos ficam adormecidos por muito tempo, ou podem ser até destruídos, sem que o indivíduo se dê conta do quanto deixou para trás mediante o trauma.

Depois da traição que vivi, todos os sonhos de menina inocente e sonhadora morreram junto comigo. Três anos se passaram desde aquela cena de dor.

Trabalhava agora num banco financeiro. Certo dia, quando estava saindo do trabalho, escutei alguém me chamar:

— Clarice!

"Imediatamente reconheci aquela voz."

Olhei e não acreditei:

— Você? O que você tá fazendo aqui?

— Preciso falar com você, me escuta, por favor!

Me peguei boquiaberta, sem saber o que pensar, mas respondi:

— Não imagino o que você possa ter pra falar comigo, mas tá, diga. E, antes de mais nada, me conta, como estão sua esposa e seu filho?

Com um ar envergonhado, começou então a me contar que há tempos já queria se separar para ficar comigo e que queria ter me procurado nesses três anos, mas tinha medo da minha reação. Continuou...

— Eu nunca esqueci você!

Enquanto ele falava, eu pensava nas responsabilidades que ele teve com esposa e filho, enquanto eu... Sim, sofri muito! Sofri por conta da mentira e do coração que ficou partido. Mas depois me diverti muito. Festei, beijei, namorei, aproveitei a vida, conheci pessoas, dancei, viajei, aproveitei minha juventude, afinal foram três anos...

"Será que tudo foi fuga, por causa do trauma que esse canalha me causou?", pensei, intrigada com o que estava acontecendo ali, naquele momento tão surreal.

Além disso, eu estava namorando com um novo rapaz. Um gato, educado, que me amava e que minha família amava também!

— Eu nunca deixei de amar você, Clarice!

"Bem-feito!" Pensei, mas fiquei quieta.

Apesar das mágoas e tantas mentiras, meu coração ainda batia forte por ele. Dias depois, terminei com o rapaz que estava namorando e voltei com o grande amor da minha vida. Meus pais nem sonhavam com isso e nem podiam saber. Pretendia contar para eles só quando tudo estivesse resolvido.

Suspirei. "Ele jurou que vai sair desse casamento e se divorciar para começarmos nossa vida pra valer dessa vez." Meses se passaram, o namoro continuava às escondidas, enquanto ele tentava organizar a separação e um novo lugar para morar.

É o fim de mais um dia de trabalho, vou direto para casa, porém, quando entro pela sala de casa vejo meu pai desligar o telefone. Ele estava com uma cara muito amarrada.

"O que será que aconteceu?"

— Pois é Dona Clarice, precisamos conversar, você não acha?!

"Senti um frio imediato na barriga. Oh, oh, o que foi que eu fiz?"

Sentei-me na frente do meu pai, sem ele dizer uma palavra. Me ajeitei no sofá, em silêncio.

— Acabei de receber uma ligação, tem ideia de quem era?

Apenas baixei a cabeça.

— A mãe daquele mentiroso que você namorou anos atrás, aquele que traiu minha confiança, que se sentava à mesa junto com a gente e por trás era noivo de outra. Você sabe de quem eu tô falando, não sabe?

— Sabe o que ela falou pra mim? — Continuei de cabeça baixa.

— Que você tá namorando um homem casado, pai de uma criança de apenas três anos. É isso mesmo? Você acha que eu criei uma filha com tantos ensinamentos espirituais e morais pra isso? Você não tem vergonha?

Tentei me explicar, com calma:

— Mas, pai... Eu gosto dele. Ele vai se separar. Ele só se casou com ela porque a família pressionava.

— Quando ele engravidou a moça, era porque a família também o pressionava? E você vai ser responsável por destruir um casamento? Vai querer esse peso nas suas costas? Foi isso que eu ensinei pra você?

Fiquei em silêncio, envergonhada, sem saber o que dizer.

— Ele não gosta dela, pai.

— Eu não acredito, Clarice. Você vai ter que fazer sua escolha.

Minha mãe deu um grito, vindo da cozinha:

— Cuidado com o que você vai dizer homem, a palavra não tem volta!

— Você sabia que sua filha tava saindo com esse cara de novo?

Tentei interromper, para nem dar a chance de minha mãe responder e sobrar para ela.

— Calma, mãe.

Meu pai me olha nos olhos e fala, com firmeza:

— Vai ter que escolher: sua família ou esse cara!

— Sinto muito pai! Amo vocês, mas neste momento da minha vida, escolho ele.

Olho para meu pai, com dor no peito, porém decidida.

— Então, você já fez sua escolha. Sai da minha casa e esquece que tem família. — Ele falou em tom sério, decepcionado. Podia ver a tristeza no rosto dele, e a vontade de deixar a lágrima cair.

— Ok, pai! Sinto muito por decepcionar você desse jeito. Vou embora sim. Sinto muito por estar dando esse desgosto a você. Espero que um dia você me perdoe e entenda que eu o amo, assim como amo vocês também.

Minha mãe começou chorar desesperadamente.

— Pelo amor de Deus, não faça isso! É a nossa filha.

Meu pai se levantou do sofá, e foi para o quarto.

"Se eu conheço bem meu pai, com certeza foi chorar. Que desgosto eu dei pra ele. Que tristeza".

No meu quarto, joguei a mala sobre a cama e coloquei poucos pertences dentro dela. Minha mãe entrou aos prantos com um maço de dinheiro na mão:

— Toma, filha, leva esse dinheiro com você.

"Coitada da minha mãe! Que desgosto dei pra ela também."

— Obrigada, mãe, mas eu não posso aceitar, não se preocupe.

— Pega, Clarice, obedeça! Eu vou ficar mais tranquila.

Peguei o dinheiro, coloquei no canto da mala.

— Obrigada, mãe.

A gente se abraçou e chorou muito.

— E agora? O que você vai fazer, filha?

— Vou ligar pra ele, mãe. Contar tudo que aconteceu. Com certeza ele vai dar um jeito, afinal foi a mãe dele que causou tudo isso, não era pra ser assim.

Saí do quarto com a mala na mão, não vi meu pai, ele estava trancado no quarto. O coração doía, mas eu saí decidida.

"Eu sei o que eu quero! Mas porque tem sempre que ter uma dor tão grande envolvida, quando o assunto é viver esse amor?"

LONDRINA, 02 DE NOVEMBRO DE 1991.

Horas depois, após longa conversa ao telefone relatando a ele o que aconteceu, eu estava na rodoviária de Londrina, rumo a Joinville, onde ele morava e cursava faculdade de Engenharia Elétrica.

— Tudo isso aconteceu por culpa da sua mãe.

— Minha mãe só adiantou o que a gente já iria fazer Clarice. Não se preocupe, vem pra Joinville e vamos começar nossa vida juntos.

"Graças a Deus, pelo menos ele me acolheu e foi firme em sua decisão!"

— E a sua mulher?

— Ela viajou com meu filho. Isso é bom, dá tempo de agilizar minha mudança aqui desse apartamento pra cuidar da nossa vida.

— Você vai fazer o que com o apartamento de vocês?

— Vou deixar pra ela desfazer quando ela achar conveniente e começar agora a montar a nossa casa.

"Agora eu vou ser feliz! Tenho certeza!"

Após sete meses, meu pai acabou aceitando meu relacionamento e voltou a falar comigo, depois de ver que meu namorado se separou e cumpriu sua palavra em relação a mim.

Eram 7 horas da manhã de um domingo, 12 de junho de 1992, Dia dos Namorados. Nós morávamos em um flat bem pequeno, em um bairro na cidade de Joinville-SC. Estávamos felizes vivendo nosso amor e conquistas, "curtindo" uma preguiça, ainda na cama. Eu havia dormido mal à noite, sonhei que minha avó paterna estava desesperada e pedia para *telefonar para minha mãe. De repente, meu marido falou:*

— Clarice, você ouviu? *Parece que tem alguém batendo na porta.*

— Ouvi, sim! *Mas quem pode ser, a uma hora dessas?*

— Espera aí, vou ver quem é!

Continuei na cama, apreensiva. Ele foi até a porta e escutei:

— Bom dia, senhor policial, no que posso ajudar?

Eles começaram a falar baixo, não consegui ouvir. Meu marido voltou para o quarto pálido e eu perguntei:

— O que aconteceu? Era um policial? Na nossa porta?

— Sim. Sua mãe desde ontem está tentando falar com você. Como não temos telefone em casa, ela ligou pra polícia. Vieram avisar que...

Eu gritei:

— Avisar o quê? Avisar o quê? Pelo amor de Deus, fala logo, tô ficando nervosa!

— Sinto muito, Clarice. Seu pai faleceu ontem à noite. O sepultamento será hoje às 16h.

— Não, não, não! Por favor, diga que isso não é verdade. Mas, mas...
"Como assim, morreu? Ele não pode morrer agora! E minhas irmãs? São tão pequenininhas: sete e três anos, isto não pode estar acontecendo."
Comecei a chorar copiosamente. Ele me abraçou, tentando me consolar.
— Vamos, Clarice, força nesta hora! Vamos arrumar uma mala, bem rápido, e ir pra Londrina. Se sairmos agora e corrermos, conseguiremos chegar umas duas horas antes do enterro.
— Quem é que vai cuidar das minhas irmãs? E minha mãe, como vai ficar sem ele? Você não pode morrer, pai, não agora!
Em menos de vinte minutos estávamos na estrada, rumo ao velório do meu pai.
"Sem dúvidas, este foi um dos piores dias da minha vida!"

Senti um pingo d'água cair em meu rosto. Passei a mão e enxuguei, sem pensar direito.

"É como se pudesse falar com meu pai e ainda reclamar da sua morte."

— Clarice!

"Pai, porque você foi embora tão cedo?"

— Clarice!

"Como as coisas vão ficar agora?"

— Clarice!!!!!

Senti alguém bater no meu ombro.

— Você está bem?

Olho para o lado e vejo a Laurinda.

Dou um pulo, assustada:

— Minha Nossa Senhora, Laurinda! Esqueci de você aí.

— Como assim?

Chacoalhei a cabeça de um lado para o outro.

— Não sei, estava tão compenetrada na minha história que parece que mergulhei nela.

"Quanta raiva eu guardei durante anos pela falta de responsabilidade de meu pai em não cuidar bem da própria saúde, fumando exageradamente, e por ter deixado essa responsabilidade para mim e para minha mãe, principalmente no momento que eu iniciava minha vida de casada. Por décadas o culpei."

Respirei fundo e olhei para o castelo. Estiquei a mão e vi que a chuva tinha passado:

— Parou de chover, Laurinda.

Nós duas fechamos as sombrinhas.

— Você está bem?

Enchi o peito e soltei o ar devagar. Parecia que eu tinha parado de respirar.

— Tô bem sim. Às vezes é difícil relembrar o passado.

— Para todo mundo, é. A Constelação que você tanto fala, não explica isso?

— Você tem razão, a Constelação fala muito sobre isso, sim.

— E o que ela diz?

— Que precisamos fazer as pazes com nosso passado, pra que ele não atrapalhe nosso futuro. Parar de julgar, culpar ou cobrar, principalmente aqueles que nos deram a vida.

— E você conseguiu parar com os julgamentos que remoeu por anos em relação ao seu pai?

Balancei a cabeça, olhando para ela.

— Parei sim... Mas demorei muito até conseguir chegar a esse ponto.

— Você pode me ensinar como fazer isso?

— Ensinar? Posso indicar o caminho.

Ela suspirou e tocou minha mão:

— O caminho já é de grande ajuda.

— Na verdade, Laurinda, o caminho já tá pronto. A gente só precisa aprender a caminhar nele.

Fechei os olhos, balançando a cabeça para ela.

— Que lindo isso, Clarice! Querer fazer o trajeto é um outro grande passo.

Senti uma energia de profunda amorosidade envolver nossos corações.

Eu ainda estava apreciando o Palácio de Buckingham, quando senti a barriga roncar.

— Que fome!

Laurinda observava ao nosso redor:

— Que tal a gente tomar um café?

Arregalei os olhos com o convite.

"Que leve é este costume, tão brasileiro e português, de chamar alguém para um café poucas horas depois de conhecer uma pessoa."

— Que tal um afternoon tea?

— Afternoon tea? Uau! Arrasou no convite, Laurinda!

— Ora, pois! O chá da tarde é típico de uma rainha, não é?

Me levantei e estiquei os braços para cima, me alongando e sentindo gratidão por ter conhecido a Laurinda, mulher tão agradável, que está me permitindo sentir tanta leveza a ponto de dividir com ela minha história.

— Onde podemos ir para o afternoon tea, Clarice?

Sorridente, apontei para a direção dos cafés.

Começamos a caminhar lentamente, ainda admirando a paisagem ao longo do caminho: Big Ben, London Eye e o Parlamento, tudo simplesmente inspirador. Chegamos ao famoso Café Concerto, próximo ao painel do Piccadilly. Já sentadas, apreciando o afternoon tea, Laurinda perguntou em tom de descontração:

— Se eu tomar chá da tarde todos os dias, será que eu também me torno uma rainha?

Dei uma risada alta, tentando me conter:

— Por certo, você já é uma rainha. Aliás, todas somos. O que falta é a percepção disso, que só vem com o tempo e com as experiências. Só se aprende a viver, vivendo!

— Exatamente!

Tomei um gole de chá e observei as pessoas no café, por um instante.

Laurinda voltou ao ponto em que paramos:

— Então, Clarice, o que aconteceu depois que seu pai morreu?

Respirei profundamente:

— Nossa, você não imagina os desafios que enfrentei...

— Me conta! Se você quiser, é claro. Mas confesso que estou curiosa.

— É uma longa história. Porém, foi por conta dessa história que tô aqui hoje.

— Tenho todo o café da tarde para te ouvir, menina.

"Menina?"

Ser chamada de menina remeteu meus pensamentos a uma poesia que escrevi na escola, quando tinha uns quinze anos, que dizia mais ou menos assim:

"A menina, com toda força, entrega ao outro o seu coração, e se vê dentro de um sonho que não foi bom. Tenta resgatar na luta o seu sorriso da infância, encontrar o amor ainda era sua maior esperança. Quando desperta da ilusão, compreende que: O amor esteve o tempo todo instalado em seu próprio coração".

Suspirei e permiti me transportar para aquele lugar, onde foi o começo e o fim dos sonhos daquela menina.

CAPÍTULO 3

RELACIONAMENTOS

"Na violência também se faz um vínculo. A solução para a cura nestes casos ainda é o amor! O amor que adoece é o mesmo amor que cura."

Bert Hellinger

Como vivemos nossos relacionamentos afetivos? De que forma construímos nossas relações, dia após dia? Somos influenciados pelos relacionamentos de nossos pais, tios, avós, bisavós, amigos, vizinhos, professores? A resposta é sim para todas essas indagações. Porém, nenhuma relação tem mais influência sobre nós que o relacionamento de nossos pais. Repetimos aquilo que aprendemos e vivenciamos com eles, ou não, e por vezes ficamos sem espelhamento. Se foi um relacionamento amoroso e saudável, teremos propensão a identificar pessoas que serão capazes de se relacionar dessa forma. O contrário também é verdadeiro. Quando uma pessoa tem pais que agem de forma abusiva ou tóxica, estes estão automaticamente ensinando seus filhos a agir da mesma forma na vida adulta.

Essa perpetuação de comportamento pode se repetir por até sete gerações. Por isso, os relacionamentos de nossos avós, bisavós e os demais também influenciam naquilo que estamos fazendo no momento.

Há famílias que têm padrão de repetição de traição, outras de violência, abuso sexual e/ou psicológico, doenças etc. Tudo que é aprendido e vivenciado na infância será provavelmente repetido pelos filhos. É como se os filhos (a próxima geração), por amor cego, carregassem um pouco dessas dores, até o momento em que se deem conta desses padrões e os quebrem, através de uma firme decisão de fazer diferente a partir daquele momento. Essa decisão necessita ser profunda, amorosa e respeitosa, permitindo trazer à tona a consciência sobre o agora (um novo tempo), e o reconhecimento de que nossos ancestrais já pagaram um preço alto demais para que a próxima geração pudesse seguir livre. Assim nos tornaremos melhores, com decisões mais acertadas e com humildade, reconhecendo poder fazer melhor do que eles fizeram. Essa é uma decisão de amor, tanto para si próprio quanto para todo o sistema familiar.

Muitas terapias podem nos levar a esse nível de consciência, porém as constelações familiares nos permitem despertar para esse novo olhar de forma mais breve.

Lembre-se da Lei do Equilíbrio, o Dar e Receber. Essa é uma Lei que pode ajudar a melhorar seus relacionamentos. Existe um equilíbrio! Necessitamos doar na mesma medida em que recebemos.

Se, em um relacionamento, uma das partes presenteia o outro, tem constantes gestos de gentilezas, e está sempre servindo, para não infringir a Lei do Equilíbrio, a pessoa que muito recebe deve retribuir tais gentilezas de alguma forma. Igualmente, se uma das partes foi magoada, traída etc., mesmo que tal atitude tenha sido negativa, é saudável para a relação clarificar o quanto isso feriu e magoou. A solução aqui, para que essa relação prossiga em equilíbrio e harmonia, é: dar àquele que cometeu o desajuste a chance de equilibrar novamente essa relação. Quando isso não acontece, instala-se o desequilíbrio, e a parte que sofreu o prejuízo buscará o ajuste pelos mesmos caminhos, para que seja possível que essa relação prossiga. Muitas vezes, o casal carrega o desejo inconsciente de permanecer juntos, mesmo que seja no abuso. É como se, internamente, um falasse para o outro: "Agora ninguém deve pra ninguém, nos encontramos em posição, ajustados, mesmo que seja na dor, e podemos seguir..." Isso acontece como uma equação matemática: positivo gera positivo. Quando ocorre subtração, ou seja, negativo gerando negativo, ainda assim é possível existir uma relação estabelecida no 'menos', até que essas almas procurem o caminho da cura, pela necessidade de somar novamente, a fim de que a ordem se restabeleça. A matemática da compensação fica aguardando o momento de receber algo maior, que compense a dor anteriormente causada.

 Quem muito aceita, com o tempo cansa, fica sobrecarregado. Quem muito recebe, com o tempo se sente endividado e vai embora porque não é capaz de pagar o quanto recebeu.

Isso também serve para os padrões. Quando um casal analisa os padrões que vem repetindo de seus familiares, tem mais condições de resolver e melhorar esses pontos, gerando equilíbrio entre si. Se uma das partes se posiciona contra um padrão de comportamento, tendo uma reação ao que não se aceita, outra reação será incentivada. O equilíbrio tem mais chance de se estabelecer quando há uma troca nas relações e não uma das partes aceitar por tempo indefinido.

Em meu relacionamento de treze anos, desenvolvi um padrão, ao qual inicialmente não conseguia reagir, apenas aceitava. Com o passar do tempo, comecei a reagir e a revidar o que recebia. Não era uma solução, mas ao menos era uma reação! Ou era uma maneira de extravasar a raiva, que antes apenas guardava toda para mim? Posteriormente, essa reação se transformou em traição. Encontrei esse caminho, que hoje em nada me orgulha, mas era o que eu sabia fazer para me sentir vingada por tamanha dor que me era causada, a cada violência recebida. O terceiro e último passo foi começar a olhar para mim e iniciar, no profundo da minha alma, o desejo de trilhar um novo caminho. Comecei a me empoderar e a viver a coragem de fazer novas escolhas.

    E fiz!

Londres, 2022.

Laurinda e eu ainda estávamos no Café Concerto, apreciando nosso afternoon tea. Estar num dos cafés mais famosos da Europa é um privilégio e prazer que não sou capaz de descrever.

"Nem acredito que isso faz parte do meu dia a dia."
A conversa fluía muito leve. Eu respirava lentamente, segurando a asa da minha xícara, e movia meus dedos, como se a partir desse delicado movimento pudesse me transportar ao passado.

Joinville, 1992.

Eu era uma menina. Tinha só 21 anos e, ao mesmo tempo, já era uma mulher casada.

Estava na cozinha, tinha acabado de chegar do trabalho e começado preparar o jantar.

Meu marido chegou logo em seguida.

— Por que você demorou tanto, tá tudo bem? Como foi seu dia hoje na faculdade?

Ele colocou a chave do carro sobre a mesa, mal me olhou, não respondeu nenhuma das minhas perguntas e logo começou a gritar de uma forma descontrolada, como eu nunca tinha visto:

— Eu achei lá no guarda-roupas aquela caixa de papéis com seus cadernos e cartinhas de amor, que você trouxe lá da casa dos seus pais.

Ele parecia ter sangue nos olhos. Tirou um papel do bolso e jogou em cima da mesa:

— Você é igual a essas mulheres que não se dão valor. Você sabe o nome disso, Clarice? P*#! Você esteve com outros homens, não confio mais em você!

— Do que você tá falando? — perguntei sem entender nada do que estava acontecendo. Naquele momento, senti o peso do golpe de sua mão no meu rosto, um tapa tão forte, que me ensurdeceu.

— Você é uma cínica! Com certeza, deve ter outras cartas e muitas outras coisas sobre você que eu não sei.

Tentei responder, mesmo assustada e anestesiada após a agressão:

— Essa caixa tem coisas de anos guardadas nela. Só fui buscar na casa dos meus pais, assim como trouxe vários outros pertences. Eu nem sabia mais o que tinha lá dentro... São cadernos, coisas da escola, memórias, coisas normais que a gente guarda.

— Mas aqui na carta o cara escreve declarações de amor. Olha a data da carta. Isso foi depois que nos conhecemos. Você teve um namorado!

— Sim, claro que foi depois, mas você estava casado! Isso não faz o menor sentido! Eu tava vivendo minha vida, sem nunca imaginar que um dia a gente fosse voltar. Não é justo você ter ciúmes de uma época que não estávamos juntos.

Ele deu um soco na mesa, completamente transtornado:

— Ciúmes? Você chama isso de ciúmes? Eu chamo isso de mulher vagab*#@ mesmo!

Ele se aproximou de mim, me deu um empurrão, que derrubou meu corpo de 47 quilos e um metro e sessenta no chão.

— E agora, você vai continuar guardando essas cartas e ainda achando tudo isso normal?

Não respondi, pois estava completamente atordoada. Não sabia o que fazer, não sabia o que dizer, *perdi o chão, estava com medo e perdida, só conseguia chorar.*

Londres, 2022.

Laurinda me trouxe de volta ao presente quando segurou minha mão com amorosidade, me olhando com piedade, e disse:

— Sinto muito, Clarice! Sinto mesmo, muitíssimo. Chega desta conversa, me desculpe fazer você recordar tudo isto.

— Por favor, não peça desculpas. É a primeira vez que conto minha história com detalhes. Nem mesmo minha família sabe tudo que aconteceu, o que aqui compartilho com você. Se estiver ok pra você me ouvir, gostaria de continuar, isso tá me fazendo muito bem.

— Claro, vamos lá então! Se, de alguma forma eu estou ajudando, já fico feliz.

— Às vezes, nós só precisamos de alguém pra nos ouvir sem nenhum julgamento. Simplesmente, alguém pra nos ouvir Laurinda.

Voltei para a cena daquele dia de horror e continuei...

"Ele realmente me bateu? Não estou acreditando nisso" O único homem que até hoje havia encostado a mão em mim tinha sido meu pai...

Consigo sentir ainda hoje o ar me faltando, o coração acelerado e arrebentado. Lembro do questionamento que me fiz naquele dia:

"O que está acontecendo, Clarice? Que sentimento é esse aí dentro de você? É sério que você ainda está com medo desse cara deixar você, depois de tudo o que aconteceu?"

Descubro que sim. Não suporto a possibilidade de ele me deixar. Fiquei horas no quarto, chorando. Quando escutei ele entrar no quarto, o medo imediatamente tomou conta do meu corpo.

"Meu Deus! Ele vai me bater de novo."

— Me perdoa, Clarice! Eu fiquei cego. Não suporto quando penso que você teve outros namorados nesses três anos que ficamos separados. Eu amo tanto você, que fico cego, não vejo mais nada na minha frente. Me perdoa, por favor!

Ele me abraçou, chorou, e me beijou com tanta intensidade, que cheguei a sentir dó e raiva. Mas, ao mesmo tempo, me senti culpada, acabei pedindo desculpas e prometi jogar todas as lembranças fora, para bem longe, só para que a gente pudesse ficar bem.

Ele me trouxe um copo d'água, se mostrou carinhoso e ajudou a preparar meu banho. Em seguida, jantamos como se nada tivesse acontecido. Me senti aliviada por ele estar ali e por aquele pesadelo ter se acalmado.

Ele me beijou mais uma vez e falou o quanto me amava e que eu era o amor da vida dele, sempre fora!

"Acho que ele realmente me ama!", me convenci.

Depois desse primeiro episódio de violência, meu marido ficou inseguro, desconfiava de tudo. O ciúme se intensificou, minha passividade também. Já estávamos juntos havia três anos. Ainda morávamos em Joinville, agora em uma casa maior, pois os negócios que tínhamos, no ramo de fotocópias, prosperava. Sentia-me triste e sozinha. As brigas só aumentavam e eram cada vez mais constantes. Eu desejava muito ter um filho, mas o medo da relação acabar a qualquer momento era maior. No fundo, eu acreditava que um filho poderia favorecer e acalmar nossa relação tão turbulenta. Minha insegurança redobrava meus cuidados para não engravidar. Afinal, um filho muda a vida de qualquer pessoa.

Os meses se passavam, quando, de repente, entre anticonceptivos e cautelosos cuidados, eis que descubro que já estava grávida de dois meses. No momento em que descobri foi, por um segundo, euforia e total desespero, ao mesmo tempo. Pensava que essa criança não teria avó paterna, pois ela nunca aceitaria esse neto, assim como nunca aceitou nossa relação. Pensava no desespero de ele ir embora e não querer assumir essa criança. Minha cabeça rodava. Me refugiei o dia todo em um parque da cidade em frente a um lago, e ali chorei por horas.

"Será que era medo de ser mãe? Será que toda mulher sente isso? Ou era medo de ser abandonada por ele?"

Voltei para casa, e ele já havia chegado. Sem muitos rodeios, dei logo a notícia. Para minha grande surpresa, a reação dele foi de euforia total. Me abraçou, beijou, beijou minha barriga, a felicidade era real.

Os meses se passaram, as brigas cessaram e a gravidez seguiu bem. Eu já estava de cinco meses e já sabíamos que seria uma menina. Estávamos felizes!

Meu marido havia viajado no final de semana para ver o filho que morava no estado de São Paulo e, também, para finalmente tentar pegar a assinatura e finalizar o processo do divórcio. Era final do dia de uma segunda-feira quando ele retornou. Eu estava entusiasmada e fui logo perguntando...

— E aí, como foi? Pegou a assinatura?

Ele balança a cabeça com um sinal negativo.

— Você voltou de novo sem a assinatura desse divórcio? Eu não acredito! Tô cansada disso tudo. Há três anos você fala que vai se divorciar e isso nunca acontece! Você é um "banana" mesmo, sempre tenta essa assinatura e nada... Logo nossa filha vai nascer e eu queria que essa situação estivesse diferente. Sem contar que parece que nunca vamos conseguir oficializar nossa relação...

— O que você quer que eu faça? Ela não quer assinar. O que muda isso na nossa vida? Pelo amor de Deus, para de encher o saco com essas coisas!

— Você não tá nem aí mesmo, não é? Pra você tá tudo ótimo. Minha família aceita você, eu não tenho ex criando problemas... E o que eu ganho em troca? Uma sogra que até hoje não me aceita, uma ex-mulher que insiste em ficar casada no papel com meu marido... Que marido? Ah, esqueci! Eu não sou casada, não é mesmo? Minha certidão é de solteira.

Recebi um soco tão grande no queixo, tão rápido, que mal deu tempo de pensar.

— Monstro! Você é um monstro! Eu grávida e você tem a coragem de me agredir mais uma vez. Não acredito nisso! Você não tem coração!

— Você viu o que você me faz fazer? Você me tira do sério!

"Deus! Eu só queria um casamento de verdade, um marido, encontros de família aos finais de semana. Por quê?"

Minutos depois o telefone de casa tocou:

— Oi, mãe!

— Filha, como você está? Melhorou dos enjoos? Tô sentindo você com a voz esquisita! Estava chorando?

Toco minha barriga e a acaricio com muita tristeza, pela incerteza do nosso futuro.

— Tá tudo bem, mãe! Melhorei dos enjoos, sim. Só tô me sentindo sozinha. Hoje, pra variar, tivemos mais uma briga, pelos mesmos motivos: o divórcio, a ex-mulher, a mãe dele...

— Filha, pelo amor de Deus! Deixa esses assuntos pra lá. Agora se concentra só na sua gravidez.

— A mãe dele é o inferno da minha vida! Aposto que ela que fala pra ex dele não assinar esse divórcio! Ela faz de tudo pra dificultar, faz de propósito, pra gente sempre brigar e acabar se separando.

— Filha, elas moram em outra cidade. Vive sua vida, pensa no neném, você não pode passar nervoso.

— Mãe, me diz. Você decidiu se vem morar comigo, pra me ajudar quando ela nascer? Vai ser tão bom ter você e minhas irmãs aqui! Vou ter uma família de volta, porque aqui é só eu, ele e as brigas.

— Sim, decidi que vou, ou melhor, que vamos! Não se esqueça que desde que seu pai se foi, agora somos três. Tô organizando tudo por aqui pra irmos.

— Que alegria! Não tenho como descrever a felicidade que será ter vocês três aqui. Vocês são tudo para mim. "Minha mãe e minhas irmãs aqui trarão de volta a alegria para minha vida. Graças a Deus!"

Joinville, junho de 1996.

Minha filha nasceu linda e saudável. Nesse momento, já estava com dois anos de idade. Minha mãe e minhas irmãs estavam bem adaptadas à nova casa e à nova cidade. Tudo corria com tranquilidade.

Certa manhã, após me levantar cedo, eu e minha mãe estávamos preparando o café da manhã quando meu marido entrou esbaforido pela cozinha:

— Clarice, Clarice, você viu os noticiários? Pelo amor de Deus, preciso ajudar minha ex-mulher. Meu filho não pode ficar nessa situação!

— Como assim, você tem que ajudar sua ex-mulher? O que aconteceu com ela?

— O irmão dela tá sendo procurado pela polícia e eles estão atrás de toda a família dela. Falei com minha ex e ela tá escondida lá na casa de praia da minha mãe. Mas com certeza logo vão encontrar ela e meu filho, eles precisam sair de lá.

— E o que isso quer dizer?

— Deixa ela e meu filho ficarem aqui em casa uns dias?

— O quê? Como assim?

"O que eu faço, meu Deus?"

Não consigo raciocinar direito.

"Ele a deixou para ficar comigo e agora vou receber ela na minha casa? Coitada! Que situação humilhante pra ela e desconfortável pra mim. Mas o que fazer? Deixo de ajudar?"

— Você sabe que ela é uma pessoa boa, mas carrega o peso do sobrenome da família dela. Isso sempre foi assim, e foi um dos motivos pra eu ter me casado com ela na época, pra ela mudar de vida, trocar de sobrenome. Ela sempre se sentiu mais segura usando meu sobrenome e tendo convívio com a minha família.

— Sua família? Sua mãe, você quer dizer, né?

— Clarice, isso não vem ao caso agora. Não vamos começar mais uma briga pela milésima vez, pelos mesmos motivos.

— Ok! Ok! Fala pra ela vir pra cá. A casa é grande mesmo.

— Obrigado, entendo que isso não é fácil pra você.

"Será que eu fiz a coisa certa? Além de todas as minhas ocupações, será que eu preciso de mais essa? Será que estou pagando esse carma como castigo por ter sido o motivo da separação deles?"

Suspiro e olho para o céu, pela janela:

"Ok, meu Deus, eu não vou reclamar, o Senhor sabe que eu faço tudo com muito amor, agora receber a ex-mulher mais o filho dele aqui deve ser mesmo um carma, né? Mesmo assim, vou agradecer. Acredito que tudo tem um porquê. Obrigada meu Deus!"

Ter agora a oportunidade de ajudar a ex do meu marido e seu filho pode ser a possibilidade de transformação dos meus sentimentos e, quem sabe, também dos dela.

"Como a vida traz oportunidades de reparação, a Lei de Causa e Efeito, de Ação e Reação é certeira, a gente é que não quer ver ou entender! Já era tarde da noite. Eu estava o tempo todo na janela, ansiosa, esperando eles chegarem. O carro do meu marido estacionou na garagem de casa e eu corri para a porta de entrada da casa, observei a porta do carro se abrindo e vi várias pessoas descendo. Vejo a ex-mulher, a mãe dela, o filho deles e a irmã dela.

"A mãe e irmã também? Não acredito!"

Elas pegaram as sacolas e malas no porta-malas e entraram rapidamente.

— Obrigada, Clarice!

Passaram por mim, com caras de assustadas. Fechei a porta, me virei, e ela estava me olhando, com lágrimas nos olhos:

— Obrigada mesmo! Acredite, é uma situação difícil e muito humilhante pra mim e penso que pra todos nós.

Olhei para o menino, querendo urgente disfarçar aquele clima constrangedor e disse:

— Oi... Seja bem-vindo aqui na casa do seu pai! Você quer um chocolate?

Ele balançou a cabeça, sinalizando um sim.

— Vem comigo!

Eu prosseguia, tentando descontrair o clima e dar um alívio para o garoto. Minha mãe e minhas irmãs os receberam bem. Minha mãe também tentou amenizar a situação desconfortável, abraçou a ex do meu marido e disse:

— Sejam bem-vindas! A casa é grande, isso vai ser bom pra todos nós. Afinal, estamos aqui pra ajudar uns aos outros.

Depois desse episódio, as vindas dela em minha casa se tornaram frequentes. Nos tornamos amigas e passamos a ter respeito uma pela outra. Eu sentia que devia algo a ela. Mas depois disso meu coração encontrou alívio e o dela também.

LEI DO DAR E RECEBER, COMPENSAÇÃO E HONRA

Pela Lei da Hierarquia, é importante que a gente saiba reconhecer quem chegou antes, respeitando o lugar de quem passou por ele antes de nós. Esse era o caso da ex-esposa do meu marido. Ela esteve na vida dele primeiro, antes de mim. Este lugar de primeira esposa sempre será dela e necessitava ser respeitado e honrado por mim.

Naturalmente, muitas mulheres se sentem enciumadas de ex-relacionamentos de seus parceiros. Esse sentimento pode ser elevado, pois cada pessoa que passa na vida de alguém tem um papel especial, funções e aprendizados que sempre nos moldam para o que vem depois.

A ex-mulher do meu marido teve uma participação importante na caminhada dele. A mim cabia o papel de agradecer a ela o espaço que de alguma forma foi aberto para que eu ocupasse o lugar de segunda esposa. Todas as experiências que eles viveram juntos foram o moldando, assim como as experiências vividas comigo, com certeza, também o moldaram para ser hoje quem ele é.

O reconhecimento e o respeito trazem permissão para que o relacionamento atual dê certo.

Quando conseguimos reconhecer o lugar dos que vieram antes, recebemos a bênção e o conforto de ocuparmos o lugar em que estamos no momento. É como se a própria vida pudesse nos honrar perante nossa humildade de reverenciar e reconhecer as pessoas que estiveram num determinado lugar antes de nós. Esse reconhecimento causa o cumprimento da Lei da Hierarquia e o equilíbrio das nossas relações.

Percebi que minha vida ficou mais leve depois desse episódio. Os ciúmes, a raiva e todo sentimento negativo que eu poderia ter em relação à ex-mulher do meu marido foram simplesmente se transformando em algo mais sublime, até se tornarem totalmente positivos, como o desejo de que ela pudesse ser cada vez mais feliz em sua vida, junto com seu filho, e o sincero desejo de que um dia ela também encontrasse alguém para amá-la como ela merece. Passei a honrar o espaço que ela abriu. Bert Hellinger dizia: "Recuar é um gesto de amor". Mesmo que, na maioria das vezes, não tenhamos o discernimento necessário para compreender a profundidade do gesto de recuar. Foi graças a ela ter aberto esse espaço que, mais tarde, a vida da minha filha pôde acontecer. Isso é grandioso.

Se você passa por uma situação parecida, reflita. Olhe para as pessoas que vieram antes... Reconheça as pessoas que estiveram nesse lugar antes de você chegar. Respeite o lugar que elas ocuparam para que você possa ocupar o seu com paz na alma. Seu lugar também é de muita relevância e importância e, com certeza, de contribuição para todos os envolvidos. Isso fará com que você seja honrado pela vida no exato lugar em que você está.

Florianópolis, 1999.

O tempo passou e a vida seguiu... Minha filha já estava com cinco anos e muita coisa havia se transformado dentro de mim. Estava no meu quarto, penteando meu cabelo, sentada em frente à penteadeira. Olhei pelo espelho, meu marido sentado na beira da cama, com o braço do todo arranhado.

Ele percebe meu olhar e questiona:

— Viu, o que você fez?

— Bem feito! Você estava acostumado com uma Clarice que só apanhava e não revidava, não é mesmo? — respondo rispidamente.

"Achou que eu ia ficar a vida inteira só apanhando? Mal sabe ele das aulas de boxe que estou treinando escondida, justamente pra me defender." Penso com meus botões, suspiro e me sinto mais segura.

— E aquele monte de louça quebrada, que vamos ter que comprar tudo de novo? É bem feito também?

— É sim! Não tô mais nem aí pras coisas. Só queria ter alguém que me respeitasse, uma sogra que me aceitasse, um homem responsável, que trabalhasse, ao invés de passar a vida dentro de uma faculdade que nunca acaba e, por fim, criar minha filha em paz. Tipo uma família de verdade.

— Você tá louca! Você é uma desequilibrada! Onde já se viu me agredir e quebrar a casa desse jeito?

Ele então se levantou e ficou próximo à janela.

— Louco é você, que me bate por qualquer motivo.

— Não é qualquer motivo, você sempre me provoca: é ciúmes, insegurança, quer controlar tudo que eu faço!

Eu ri, de forma cínica:

— Você é que tem um ciúme doentio. A primeira vez que me bateu foi por causa de uma carta de um namorado da época em que você era casado! Você se lembra disso?

Ele se virou na minha direção e apontou o dedo para mim:

— Não tinha que ter tido namorado nenhum, nem ter saído com mais ninguém!

— Você é doente! Onde já se viu, me bater até se eu não quero ir para a cama com você?

Ele seguiu na direção do guarda-roupa:

— Vamos parar com essa discussão. Vou esconder esse arranhado aqui com uma camisa de manga comprida e você faça o mesmo. Passa uma maquiagem nessa cara pra esconder esses roxos e vamos seguir a vida.

"É sempre assim. Seguimos, fingindo que nada aconteceu."

Toco meu braço cheio de manchas roxas.

— Ai...

Decidi disfarçar com maquiagem. Me olhei no espelho e me questionei.

"Quem é você agora, Clarice? Você se reconhece?"

Percebi que eu me perdi de mim mesma. Enquanto finalizo a maquiagem, ainda reflito com indignação sobre minha vida.

"Será que ele batia ou era agressivo quando estava casado com a ex? Nossa, espera!! Me lembrei agora de uma cena..."

Estávamos em frente ao apartamento da ex dele, para pegar seu filho para o final de semana, era bem no início do nosso relacionamento. Ele desceu do carro para pegar o menino, que aguardava na portaria de mãos dadas com a mãe.

Quando ela me viu, começou a gritar, numa cena de ciúmes.

Desci do carro para tentar acalmá-la.

— Me desculpe, não quero confrontar você estando aqui junto com ele, mas viajamos por horas. Por favor, deixa seu filho passar o dia com a gente. Prometo que irei cuidar bem dele.

Ela começou a gritar, mais endoidecida ainda, e eu fiquei sem ação no meio de todo aquele transtorno.

— Sua ladra de marido, some daqui! Meu filho não sai daqui com você. Faça um filho pra você junto com esse "cara" aí, que não vale nada!

Quando tentei falar algo, vi meu marido dando um tapa no rosto dela, que imediatamente fez escorrer sangue pelos seus dentes. Fiquei em choque. Afastei meu marido, para ele voltar para o carro. A criança chorando, ela gritando, e eu tentando acalmar todo mundo, ao mesmo tempo em que me sentia a pior das piores: culpada.

"Ele já era agressivo e eu não enxerguei! Como eu pude admitir ele fazer aquilo com ela? Que vergonha! Estou carregando e pagando o preço pela dor daquela mulher."

Londres, 2022.

Laurinda me abordou, tocando meu ombro e me fazendo voltar à realidade:

— Isso que você passou, minha querida, provavelmente fez com que você acreditasse mesmo que era desequilibrada, estou certa?

Respirei fundo, piscando várias vezes, sentindo o momento presente. Balancei o pescoço e concordei com sua colocação, tentando disfarçar algumas lágrimas nos olhos:

— Foi exatamente isso, Laurinda. Minha situação e a falta de conversas com outras pessoas sobre tudo que acontecia dava espaço pra ele entrar na minha cabeça. Eu acreditava na pressão psicológica dele, de que eu era a culpada e a verdadeira responsável por apanhar. Imagina... Os homens que agem dessa forma, isolam suas mulheres justamente pra manipulá-las mentalmente. São umas aberrações.

— Sinto muito por esse peso.

— Não sinta, Laurinda, porque eu aprendi muito nessa relação. Foi um importante aprendizado em minha vida, que hoje me serve pra apoiar outras mulheres na mesma situação.

— Quantas mulheres ainda não passam por isso no mundo todo? Quantas precisam dizer sim para o sexo, quando na verdade querem dizer não, mas por medo cedem ou pior ainda são forçadas, manipuladas, coagidas etc. — Continuo.

Encho o peito e solto, como se pudesse colocar minha indignação para fora:

— Por isso, me sinto grata pela experiência vivida. Hoje consigo ver o lado bom desse aprendizado e usá-lo agora de forma útil.

— Você é corajosa.

— Não é uma questão de coragem, Laurinda. É dignidade para que as mulheres possam se empoderar e seguirem na vida mais leves, livres, felizes, sendo respeitadas.

— Parabéns, Clarice, isto é admirável! E depois, o que aconteceu?

Volto a narrar minha história.

Florianópolis, 1999.

Mudamos de cidade várias vezes, por causa da instabilidade de meu marido. Ele sempre dizia que iria arrumar um emprego na cidade nova, que nossa vida seria diferente, mas isso não acontecia de fato. A faculdade que ele iniciou antes mesmo de morarmos juntos, nunca terminou. Eu sempre criava várias expectativas, mas nada acontecia. A insegurança financeira me forçava a sair da minha natureza feminina, a ser uma mulher cada vez mais forte e a criar um negócio novo em cada cidade que a gente ia. "Graças a Deus por essa veia empreendedora herdada de meu pai!"

Entrei no quarto em torno de meio-dia e ele ainda estava dormindo.

— Você não vai se levantar? Por que não vai a algumas agências de emprego e tenta uma colocação com as experiências que você tem de engenheiro, mesmo sem ter terminado a faculdade?

Ele resmungou na cama:

— Não vou. E não começa, que hoje eu não amanheci muito bom, não!

"*Eu não acredito! É sempre a mesma coisa!*"
Respiro fundo e conto até dez, em silêncio.
"*Ainda bem que tenho um pequeno negócio de suco de laranjas, que segura a barra. Sou batalhadora, como meus pais foram. Vamos que vamos, não posso parar.*"
— Mas você precisa arrumar um emprego. — Abordo novamente.
— Já disse pra você não começar. Não se preocupe, eu vou arrumar.
— Você não acha que seria interessante um bom emprego, igual àquele que você teve, o único com carteira assinada, que durou só dois anos?
— Uhull. Tava demorando pra começar a jogar coisas na minha cara. A louca, histérica, encrenqueira, que não consegue ficar um dia sem fazer cobranças. Você já parou pra pensar que você pode ser desiquilibrada mental, Clarice?
"*Será que ele tem razão e eu exijo demais? Será que eu não deveria cobrar tanto?*"
— Você deveria fazer tratamento. Acredito mesmo que você tem problemas, acho que você é louca. — Ele reforçou.

Peguei minha bolsa, a chave do carro, me preparei para sair, mas as frases pareciam ficar registradas e ecoavam na minha cabeça: "Você é louca! Louca, louca, desequilibrada".

Suspiro. E falo baixinho:

— Será que eu sou mesmo desequilibrada? Será que é normal essa situação e sou eu que exagero? "Meu pai que sustentava a casa, não minha mãe. Ela o ajudava, mas meu pai era o provedor. Por que comigo é ao contrário?" Penso comigo mesma.

Saí do quarto e segui para as minhas tarefas do dia.

"Estou exausta com toda essa situação que parece não ter fim. Acho realmente que na vida não dá para se ter tudo. O que eu tenho é o consolo de saber que, apesar de tudo, acredito que ele me ama!"

FLORIANÓPOLIS, 1999.

Era fim de tarde. Eu estava desesperada, sem saber que rumo dar a minha vida. Mais uma vez fui agredida. Não tinha para quem pedir ajuda ou com quem contar. Resolvi ir até uma reunião espírita em busca de algum consolo. Estava toda roxa e machucada dessa vez.

Meu rosto estava inchado, o olho roxo e tinha a sensação de que todos podiam ver o quanto apanhei, porque cada centímetro do meu corpo estava doendo.

"Será que todo mundo percebe? Ou fingem não ver? Me sinto tão mal, envergonhada e confusa!"

Uma senhorinha falou comigo e logo percebi que ela era uma das trabalhadoras daquele lugar.

— O que você precisa, minha filha?

— Eu... Eu preciso de ajuda.

Falei, tocando o meu braço, onde mais doía.

Ela balançou a cabeça, sem nada dizer. Cochichei, com vergonha de me expor:

— Sou vítima de violência doméstica. Meu marido é muito agressivo comigo, manipulador e me faz acreditar que sou louca. Fico muito perturbada com tudo isso. Será que sou mesmo louca? Vim até aqui em busca de ajuda e respostas.

Ela fechou os olhos e se calou por alguns segundos. Me sentia tão constrangida.

Logo ela me respondeu:

— Filha, você ama demais seu marido, não ama?

— Amo! Mesmo com toda essa situação. Amo muito, mas não aguento mais.

— É seu carma filha, vocês têm coisas de outras vidas para resgatarem juntos.

"Não! Não quero ouvir isso. Não posso aceitar que estou pagando algo, me recuso a acreditar em castigos."

— A senhora quer dizer que tô apanhando porque tô pagando alguma coisa de outra vida?

— Isso, minha filha. Paciência, tudo na vida passa. Você tem que ser forte.

— Mas vai passar quando? Não aguento mais esconder meus hematomas, fingir pra todo mundo que tá tudo bem...

Ela fechou os olhos novamente e me orientou:

— Filha! Logo você vai encontrar uma maneira de sair disso, mas o carma ainda não acabou. Vou colocar você em nossas orações e pedir a Deus pra dar forças pra você cumprir suas provações até o fim.

Olhei para ela e acho que não consegui disfarçar minha indignação.

"*Eu queria ajuda, não saber que estou pagando alguma coisa. Eu não quero pagar mais nada!*"

Me levantei, indignada, e, mais uma vez, me senti desnorteada. Saí daquele local falando comigo mesma.

"*Vamos embora, Clarice! Entendo o seu desespero em querer encontrar uma resposta.*"

Saí de lá arrasada, não querendo acreditar. Porém, ao mesmo tempo, a única explicação que realmente encontrava para todo meu sofrimento era o que aquela senhora falou.

Suspiro.

Londres, 2022.

De repente, Laurinda me interrompeu:

— Você acredita mesmo em carma?

"Nossa, que mistura entre passado e tempo real. Como pode?"

— Não sei, Laurinda. O carma parecia ser uma explicação que justificava todo aquele sofrimento que foge da nossa compreensão.

— E você acreditava nisso, na época em que apanhava do seu marido?

— Se acreditei? Sim, o tempo todo! Demais! Era mais uma forma de assumir a culpa e a responsabilidade dos atos dele pra mim. De um lado, meu ex-marido me responsabilizava por ser a causadora das brigas e da violência. De outro, as crenças religiosas também enfiavam mais esse peso na minha cabeça. Os ensinamentos que eu tinha seguido a vida inteira sobre pecado e carma também me diziam a mesma coisa...

— Que tristeza, Clarice! Com certeza isso tudo colaborou ainda mais para a pressão psicológica que você vivia dentro do casamento.

— Sim, infelizmente Laurinda. Todas essas crenças em carmas, mais o abuso psicológico do meu marido na época, me induziram a ficar anos em uma relação abusiva.

— Quantos anos mesmo você viveu isso, Clarice?

— Treze, Laurinda. Treze longos anos...

Suspirei, me lamentando por tantos anos de dor.

— Naquele mesmo dia, depois que saí da casa espírita, aconteceu algo surpreendente. Parecia tipo um sinal, e eu acabei indo em outro lugar.

— Onde? — pergunta Laurinda, muito interessada.

Florianópolis, 1999.

Andava pela rua, sem rumo. Ouvi uma música vindo de algum lugar. Era uma igreja evangélica. Entrei e fui recebida na porta por uma mulher, que continuou cantando, e me mostrou uma cadeira para me sentar. Comecei também a cantar o hino que estava no telão da igreja.

Cantava e chorava. Parecia que minha alma estava sendo lavada.

Conversei com Deus:

"Eu sei que o Senhor está em toda a parte. Se é aqui que eu vou encontrar a paz que eu tanto procuro, eu me rendo."

Naquela igreja, fui acolhida e me senti amada. Fiquei ali por quase dois anos, aprendendo e curando meu coração.

CRENÇAS RELIGIOSAS E PADRÕES

Minha indignação com a explicação da violência doméstica como sendo um carma na minha vida, me permitiu quebrar um padrão do meu sistema familiar.

Durante toda a vida, eu, junto com toda minha família, sempre estudei a doutrina espírita. Uma doutrina filosófica repleta de ensinamentos e respostas sobre o mundo carnal e o mundo espiritual. Eu gostava de tudo o que aprendia lá. Até hoje, sigo muitos dos ensinamentos de amor e de caridade que essa doutrina ensina.

Porém, como em toda religião, existem aqueles que vivem no fanatismo e distorcem a verdade. Por ego, aconselham os seguidores a seguir caminhos que eles julgam ser certos ou errados. Algumas vezes, líderes religiosos são bem-intencionados, mas dão conselhos errados, na hora errada. Para mim, isso causou sofrimento por anos. E, mais tarde, uma reação que me levou para outro caminho.

É interessante refletir sobre isso, pois, muitas vezes, ficamos irritados por não concordarmos com algo e nos sentimos incomodados. Mas é justamente esse incômodo que nos impulsiona para novas possibilidades, nos fazendo expandir a consciência e nos permitindo novos caminhos, novas crenças e novas possibilidades, exatamente como a vida deve ser.

Viver traz infinitas possibilidades. Porém, como humanos, temos tendência a permanecer na zona de conforto, naquilo que já conhecemos e que nos foi imposto a vida toda, mesmo quando isso nos dói ou custa muito.

Me sinto grata por aqueles conselhos que recebi sobre carma. Sou grata por não estar de acordo com o que ouvi naquele dia. Isso me levou a novas descobertas e a honrar muitos dos meus familiares que queriam conhecer novas filosofias religiosas, mas foram impedidos porque precisavam seguir a fé que a família já vinha professando há décadas.

Sou muito grata por ter sido a escolhida para mudar o padrão do meu sistema, mesmo que, para isso, eu tenha pagado um preço alto. Tudo aquilo que alteramos permite que a nova geração tenha a possibilidade de seguir livre na questão alterada. A indignação me fez sair daquele lugar. Levo esse exemplo comigo para tudo na vida. Jamais esquecerei destas palavras: "busque a verdade e a verdade te libertará".

Nunca tenha uma fé cega: a lei de Deus é Amor. Hoje sigo livre na minha fé, aprendendo e seguindo os mestres iluminados que já passaram por este planeta e que trouxeram tantas contribuições para o mundo e para minha vida: Moisés, Cristo, Allan Kardec, Masaharu Taniguchi, Meishu-Sama e todos os Budas e iluminados do universo que tanto contribuem para nossa evolução espiritual.

Florianópolis, 2001.

Dois anos se passaram. Eu estava com o coração mais em paz, ia à igreja de vez em quando, cantava, fazia minhas orações. Minha irmã mais nova já era uma mocinha e às vezes ia à igreja comigo.

Segui a vida trabalhando, cuidando da família e deixando de me importar tanto com os assuntos do casamento. Aliás, meus sentimentos tinham esfriado bastante. Estávamos numa papelaria comprando material escolar para minha filha e irmãs, quando um homem começou a me encarar.

"Ai, meu Deus! Não faça isso!", penso desesperada, prevendo o que poderia acontecer.

Meu marido percebeu e perguntou:

— Quem é esse cara? Você conhece?

— Claro que não!

—Você está dando moral pra ele?

— O que você tá falando, pelo amor de Deus!

Meu marido encarou o homem, em seguida saímos da papelaria.

No caminho, a discussão começou. Eu tremia, pois sabia bem como tudo isso acabava.

— Quem era aquele homem na papelaria?

— Já disse, não faço a menor ideia! Ele deve ser igual a esses homens que fazem isso com todas as mulheres. Uma total falta de respeito!

— Eles agem assim porque vocês dão mole! Com certeza você deu moral também. Por isso ele tava te olhando.

— Pelo amor de Deus! Para com isso.

Chegamos em casa. Dessa vez, em vez dele me agredir como de costume, ele se aproximou e começou me acariciar, me puxou para o quarto.

— O que você tá fazendo? Não quero isso agora.

Ele se afastou e começou a gritar:

— Não quer ficar comigo por quê? Você tá me traindo, com certeza tem outro!

Antes que eu pudesse falar algo, senti o peso da sua mão com violência...

Levei minha mão ao meu rosto doído e gritei:

— Você é um louco! Esse é o motivo que eu não tenho mais tesão por você. A causa não são outros homens, a causa é você!

Na manhã, seguinte estava no quarto. Me sentia depressiva demais para encarar mais um dia. "Não quero levantar... Preciso encontrar forças para sair da cama e ir à casa da minha mãe buscar minha filha, que dormiu lá. Meu Deus. Me ajuda!"
Comecei a me vestir.
"Não foram só os anos que se passaram, mas também a minha alegria. Agora minha revolta se multiplicou, estou sem esperança alguma".
Toquei o roxo perto do olho, me olhando no espelho. Nesse momento, meu marido chegou por trás e me deu uma ordem:

— Você vai dizer que caiu farelo do trilho dentro do seu olho quando estávamos pondo a cortina na janela.

— O quê? É sério isso? Você quer que eu invente uma desculpa pra justificar essa marca horrorosa no meu olho?

— Se alguém perguntar sobre seu olho, você vai dizer que caiu farelo do trilho da cortina. Você entendeu?

— Isso é um absurdo! Você acha que minha mãe vai acreditar nisso?

— Claro que vai! E trata de pôr um tampão nesse olho, pra disfarçar.

— Não seria mais convincente se eu dissesse que apanhei porque não quis transar com você ontem à noite?

Ele balançou a cabeça e puxou meu cabelo, entortando minha cabeça para baixo:

— Caiu farelo do trilho da cortina no seu olho! Entendeu agora ou não?

Olhei no espelho. Não só vi as marcas roxas no meu rosto, como também a tristeza estampada na minha face:

— E faça o favor de melhorar essa cara!

Suspirei e fiquei me olhando no espelho, toda machucada.

"Por que eu não consigo nem considerar a hipótese de me separar? Será que eu ainda acredito naquela história de carma que aquela senhora me falou há dois anos? Ou ainda acredito que ele me ama? Ou é medo de seguir a vida sozinha? O que pode ser isso que me prende nessa relação por tanto tempo? Covarde é o que você é, Clarice... Você é uma covarde, é isso!"

Fiz o curativo no olho com um pedaço de gaze e, mais uma vez, saí fingindo para o mundo, sem esperanças.

Após pouco mais de um mês desde a última violência, minha filha estava novamente na casa da minha mãe e eu e ele estávamos em casa sozinhos. Mais uma briga, mais uma agressão. E sim, o covarde só me batia quando estávamos sozinhos. Eu me perguntava por que ele não fazia isso quando meu irmão estava por perto. O motivo das brigas agora eram as dívidas, que só aumentavam:

— *Clarice, cala a boca! Para de me infernizar! Não tenho como pagar a prestação do carro. Deixa o banco buscar de volta, você quer que eu faça o quê?*

— *Se pelo menos você arranjasse um trabalho, você conseguiria pagar e nós não estaríamos passando por isso.*

Ele veio com tudo para cima de mim. Vi o ódio em seus os olhos e saí correndo pelo enorme corredor de casa. Tentei desesperada pegar alguma coisa para bater nele, antes que ele me pegasse. Mas não deu tempo. Senti o tranco do meu corpo, com ele me puxando pelo cabelo.

— Me solta!

— Agora você vai aprender a calar essa sua boca. Eu não faço nada? Quem não fez nada foi aquele seu pai, que morreu e deixou toda a família dele aí pra você cuidar!

— Cala a boca! Não fala do meu pai. Não fala da minha família.

Ele me arrastou pelo cabelo ao longo do corredor inteiro.

— Me solta, você tá me machucando, seu covarde!

Ele abriu a porta dos fundos da casa, me empurrou para fora, como se eu fosse um saco de lixo:

— Você vai dormir aí fora! Pelo menos assim eu durmo em paz, sem você me encher o saco. Quem sabe assim você aprende a me respeitar!

Senti o frio do mês de junho machucar minha pele.

— Você tá louco? Tá frio aqui fora, para com isso, por favor!

Ele me agarrou mais firme pelo cabelo, me arrastou até o tanque de lavar roupas, e abriu a torneira:

— Agora você vai aprender, Clarice!

Ele forçou minha cabeça para baixo da água gelada e molhou todo o meu cabelo.

— Para! Por favor, não faz isso...

— Tá satisfeita agora?

Engoli parte da água gelada caindo sobre a minha cabeça, quase me engasgando entre um grito de frio e outro de dor e desespero.

Ele me soltou, me deixou do lado de fora da casa, entrou e trancou a porta. Lá de dentro gritou:

— Vê se agora aprende a não me infernizar mais com suas cobranças!

— Abre essa porta! Abre agora!

Olhei para trás, para ver se algum vizinho estava olhando. "Que vergonha."

Olhei para todos os lados. "Como é que eu vou dormir aqui fora?"

Eu estava tremendo de frio e com água gelada escorrendo do meu cabelo pelo meu corpo. Olhei para dentro da casa e vi ele apagando todas as luzes. Meus dentes começaram a ranger de tanto frio. Olhei para os lados e fiquei pensando no que fazer.

"Eu não acredito! Vou congelar aqui fora."

Meus pés e todo o meu corpo estavam congelados.

— Desgraçaaaaadooooo! — gritei, sem pensar, e logo tapei minha boca. Senti vergonha dos vizinhos me ouvirem.

"Será que eles sabem que eu apanho?"

Nunca ninguém falou nada ou interferiu, mas com certeza eles já ouviram muita coisa. Me aproximei do carro e deitei no chão. Fui me arrastando para debaixo do carro e gemi baixinho:

— Que frio, frio, frio...

"O motor ainda estava quente!" Chorei compulsivamente, ao mesmo tempo em que me fiz milhares de indagações para tentar entender um pouco essa situação que vivia há anos:

— Desgraçado, por que você faz isso comigo?

Me movia sobre o chão. Minhas pernas começaram a ficar duras, de tanto frio.

— Chega, Clarice! Um dia esse homem pode matar você. Se ame mais! Por que você ainda gosta desse monstro? Por quê? Olha o que ele faz com você!

"Eu quero morrer, meu Deus. Acho que a solução seria acabar com minha vida, Deus! Senhor, me perdoa. Se eu fizer isso, me perdoa por favor?"

Cai no choro, feito uma criança, e me lembro do meu pai. "Pai, o que você diria, se me visse assim? Pai, pai, que saudade! Se você estivesse aqui, com certeza eu não estaria passando por isso."

Até as lágrimas estavam geladas.

—Meu pai daria uma surra em você, seu desgraçado! Seu louco!

Falava sozinha e sentia muita raiva:

— Mas, pai, você batia tanto na gente quando éramos crianças, que eu acreditei que quem ama bate. Acabei assimilando e aceitando que isso fosse uma forma de amor.

"E agora eu estou aqui, descobrindo que não é!"

— Descobrindo, Clarice? Ainda não tem certeza?

Soltei um choro doído, que vinha do fundo da alma. Quanto sofrimento... Eu tinha tantos sonhos. Não sabia o que mais doía: o frio do meu corpo ou da minha alma.

— Tantos anos, meu Deus, tantos anos apanhando. Não pode ser carma, não pode.

"Que humilhação, tudo isso."

Não conseguia parar de chorar. Meu corpo todo esfriando.

"Não me deixa ficar doente, meu Deus, por favor, eu preciso trabalhar e cuidar da minha família!"
E ali fiquei, até o dia amanhecer.

Londres, 2022.

Laurinda me interrompeu.
Ela tocou meus braços e eu percebi que estava com lágrimas escorrendo pelo rosto.
— Mas, Clarice, não acredito! Ninguém da sua família nunca viu nada? Isso não é possível!
— Eles viam meus roxos, machucados, mas não perguntavam nada. Acredito que pensavam igual muitas pessoas infelizmente pensam: briga de marido e mulher não se mete a colher.
— Ahhh, mas teve um dia que minha irmã viu sim, até se envolveu, tentando me defender.
— Não acredito! Sua irmã pequena?
— Não, a irmã do meio. Ela tinha uns quatorze anos.

— Ele me deu um soco no queixo, me jogou na cama e estava me enforcando. Quando ela viu, pulou nas costas dele e o arranhou. Ele me soltou na hora e nós duas conseguimos correr.

— Ele era alcoólatra, usava drogas?

— Pior que não. Se ao menos eu pudesse ter essa desculpa, seria um consolo. Mas não, ele agia assim pela falta de controle emocional mesmo.

— Sinto muito, Clarice. Vamos dar uma volta para espairecer essa história?

Limpei o rosto e gostei da ideia.

— Vamos, vai me fazer bem!

Fiz sinal para a atendente para pagarmos a conta.

— Obrigada, Laurinda!

— Pelo quê?

— Por me ouvir e por ser tão sagaz. Percebo que você me compreende profundamente.

"Será que ela já passou por isso?"

Arregalo os olhos, pois penso nessa hipótese pela primeira vez.

"Mas deixa para lá, se ela quiser, ela mesma me conta!"

— Onde podemos ir? Que tal a Estação Westminster?

— Westminster Station?

— Que chique! Vamos lá!

Ela me abraçou antes de sairmos. Me senti acolhida!

CAPÍTULO 4

EXPATRIAÇÃO

"Só estaremos em paz quando todas as pessoas que pertencem à nossa família tiverem um lugar em nosso coração"

Bert Hellinger

REPETIÇÃO DE PADRÕES

Mesmo quando não estamos conscientes, muitas vezes o que estamos fazendo é uma repetição de um comportamento padrão, instalado no nosso sistema familiar. No meu caso, eu estava repetindo o padrão da minha avó materna e não tinha a menor consciência disso. Minha avó também sofreu violência doméstica por toda sua vida. Sim, aquela mesma! A avó do leite ninho.

No dia do velório dela, uma tia matriarca começou a contar um pouquinho sobre a vida da minha avó para mim e um pequeno grupo de primos que estavam ao seu redor:

— Coitada da vó de vocês, ela sofreu muito nessa vida!

Retruquei, ainda guardando mágoas do passado:

— Sofreu, ou fez um monte de gente sofrer? Ela era tão amarga, tão ruim, mal-humorada! Nunca se sentou para conversar com a gente. Eu mesma não sei nada da vida dela.

Os outros primos que estavam na roda da conversa, concordaram prontamente comigo.

Minha tia continuou:

— Ela sofreu sim! Talvez ela nunca tenha sentado pra conversar, devido à tristeza que ela carregava no coração.

Olhamos uns para os outros, sem entender nada.

A tia matriarca continuou:

— Seu avô a agredia muito. Ela apanhava dele constantemente. Pra piorar, ele a traiu e teve um filho fora do casamento. Pra ela, naquela época, na pequena aldeia onde moravam, foi uma grande vergonha e humilhação. E ele ainda a deixou com todos os filhos pequenos, por anos, pra viver com a outra mulher.

— Como assim? Mas eu lembro do meu avô morando com ela até o dia que ele morreu.

— Sim, ele voltou pra casa, anos depois, quando contraiu a doença de Chagas. Ela cuidou dele até seu último dia de vida. Coitada! Era amarga porque a vida foi amarga com ela, mas tinha um bom coração.

Olhamos uns para os outros, espantados. Meu mundo desmoronou naquele dia. Senti vergonha por tê-la julgado. Me senti feia, pequena, ao mesmo tempo que senti dó da minha avó. Minha cabeça estava atordoada com todas aquelas informações. Fui até o salão, onde o corpo dela estava sendo velado e, pela primeira vez, olhei para ela e senti respeito, amor e compaixão. Sussurrei em seu ouvido.

— Vó, eu sinto muito, me perdoe! Eu, mais do que todos aqui, conheço a sua dor, eu vivo o mesmo. Me perdoe por ter julgado tanto você.

Toquei as mãos dela pela primeira vez com amor, com carinho, com respeito e chorei. Chorei copiosamente, como se estivesse lavando a minha alma e a dela. Naquela época, estava longe de conhecer as constelações familiares, mas, de uma forma inconsciente, fiz a coisa certa, ao me sentir respeitando sua dor.

A partir dessa data, eu sei que recebi a liberação para seguir rumo a um destino diferente. Percebi que não precisava mais repetir a história da minha avó, pois ela já havia pagado um preço alto demais para que eu e todos de suas próximas gerações pudessem seguir livres.

Mas, se ela pagou esse preço alto anteriormente, por que então eu vivi esse padrão de repetição? Só vim entender isso mais tarde, quando conheci os conceitos das constelações, que repeti sua história por causa dos julgamentos que a vida inteira eu nutri contra ela. Violei a Lei da Hierarquia, não honrando os que vieram antes de mim e não me colocando no meu lugar de neta, de pequena.

O julgamento é uma atitude muito séria e egoísta contra o nosso próprio sistema familiar. Olhamos somente para o nosso ponto de vista, sem sequer parar para supostamente tentar entender o que pode ter acontecido na vida do outro a ponto de estar manifestando tais atitudes e comportamentos de hoje. Quando olhamos para o próximo com amor e sem julgamentos, emanamos uma energia de luz e este recebe alívio imediato, sente nosso respeito, se transforma e nós ficamos livres dos emaranhamentos.

A violência estava inserida no meu sistema familiar, provavelmente desde lá de trás. Quem sabe, talvez, desde a tataravó, bisavó, ou de alguém vindo das minhas últimas sete gerações. Energeticamente, e por lealdade, devido ao amor cego que carregamos pelos membros do nosso sistema, acabei me conectando com um marido que também tinha história de violência no sistema familiar dele.

Assim, atuamos como ferramentas um na vida do outro, no auxílio de ambos honrarmos nossos ancestrais, principalmente pai e mãe. Bem mais tarde, após vários episódios de violência, vim saber que meu marido tinha jurado para ele mesmo não ser como o pai dele tinha sido e que sentia muito por não estar conseguindo ser diferente.

Carregamos uma memória genética e energética de tudo que aconteceu com os nossos ancestrais e, de maneira inconsciente, repetimos o que eles fizeram, como se fizesse parte de nossa vida naturalmente! Por mais que nosso ego solicite para agirmos diferente, nossa alma tem um compromisso de lealdade e, por isso, as histórias se repetem de uma forma inconsciente, com alguns contextos diferentes.

A partir do momento que se toma consciência desse padrão é o início do movimento da cura para se libertar das repetições familiares. A Constelação Familiar Sistêmica é justamente uma terapia breve, que nos faz perceber os padrões que carregamos em nossa genética emocional e no nosso inconsciente. Não precisamos ter conhecimento desses casos de família, assim como eu tive acesso ao caso de minha avó e ao do meu marido, por exemplo. Quando trabalhamos com os movimentos dentro de uma sessão de Constelação, esses casos vêm à tona, se assim for para nossa cura e do sistema. Sobre isso, Bert Hellinger, no livro Ordens do Amor, diz que: "A verdade emerge com novas possibilidades de entendimento para o conflito e traz soluções que causam alívio para todos os envolvidos".

Não importa exatamente o que, mas quando descobrimos de onde vem um comportamento é quando percebemos que nossa alma, emaranhada ao sistema familiar, está em ação. Quando permitimos que as informações daquilo que está por trás dos conflitos se mostrem, então uma virada de chave na vida acontece: o momento em que nos damos conta de que não fazemos nada por acaso, mas sim por aquilo que está registrado no inconsciente familiar do nosso sistema. Seja ele individual ou coletivo, tudo se move.

É uma libertação quando aceitamos que nossas ações e comportamentos são influenciados o tempo todo por algo maior. Quando percebemos que existe essa influência, abrimos a possibilidade de cura para o conflito manifestado e iniciamos o processo de desconexão, podendo então seguirmos livres.

Dificilmente alguém se mantém em um padrão quando percebe que está num looping negativo.

Sugiro que você faça agora uma reflexão: olhe para o seu comportamento e analise se existe algo que você pode estar fazendo que nada mais é do que um padrão de repetição da sua família, do seu sistema.

Você tem bons relacionamentos? Ou toda vez que você se relaciona, a pessoa parece errar com você sempre na mesma situação que as outras já o fizeram? Se isso acontece, provavelmente você está emaranhado e atraindo pessoas que vão agir do mesmo modo que agiram com alguém do seu sistema familiar anteriormente.

Perceba se na sua família existem doenças ou fatalidades que sempre se repetem, como vícios, comportamentos repetitivos, mulheres separadas, abandonadas, filhos que não conhecem o pai e vários outros exemplos.

Perceber padrões de repetição em nossas vidas e famílias é dolorido, mas são os grilhões se rompendo para um novo caminho. Para a liberdade de finalmente nos tornarmos genuínos, sem correntes com o sistema, respeitando a história de cada um, honrando o lugar onde nos encontramos agora para podermos seguir leves, a partir apenas de nós mesmos, no destino que existe traçado exclusivamente para cada um de nós.

É a partir desse momento que nos tornamos responsáveis por tudo o que acontece na nossa vida, podendo então, cada um cumprir sua missão traçada, aquela que se encontra na bagagem da alma de cada um de nós.

Londres, 2022.

Laurinda e eu estávamos rindo de algumas pessoas, que estavam fazendo graça do outro lado da rua em frente à Westminster Station.

— Que delícia estar aqui, Clarice! Quantas coisas acontecem nesta cidade.

— Não é? Aqui é sempre assim.

Ela me abraçou novamente:

— Fico feliz que possa sorrir, depois de tudo que me contou.

Senti e recebi seu acolhimento, com muito carinho.

Ela se afastou, ainda segurando meus ombros e falou olhando fundo em meus olhos:

— Vamos sentar-nos em algum lugar? Sinto que você deve terminar de contar sua história. O que você acha de contá-la para mim, até o final?

"Quanta sensibilidade! Como ela pode perceber a importância que estava tendo eu contar minha história e expressar os sentimentos que reprimia dentro de mim por tanto tempo?"

— Obrigada, Laurinda! Só agradeço sua capacidade de ler minha alma nesse momento. Recebo e agradeço.

— Que tal irmos para a London Eye? Podemos sentar-nos por lá e apreciar a vista.

— Excelente! London Eye, lá vamos nós!

Estávamos sentadas onde podíamos avistar o Big Ben, com toda sua imponência. Eu pretendia seguir com minha história.

"Parece que o dia de hoje é o dia da terapia da rainha."

Respiro profundamente, apreciando a bela paisagem de Londres.

"Como é linda essa cidade, meu Deus!"

Olhei para ela, que me diz:

— E então? Pode continuar.

Suspiro.

"Recebo este momento como um merecimento e permissão."

Recomecei a viagem ao passado.

Londrina, 2002.

Treze anos de casada, muitas coisas aconteceram nos últimos anos. Estava mais forte, mais madura. O amor? Ah, o amor! Aquele amor doente, já não existia mais. Depois de tantas dores e desilusões, aprendi a ser fria e prática.

De volta a Londrina, minha cidade natal, iniciei em outro tipo de empresa, agora no ramo de confecção de camisetas e serigrafia. Uma empresa que montei junto com minha mãe, onde trabalhávamos e administrávamos juntas. Meu marido aparecia por lá de vez em quando. Ele estava trabalhando em um banco, emprego que, infelizmente, mais uma vez, não durou muito tempo.

Um rapaz entrou na loja:

— Bom dia, eu gostaria de fazer umas camisetas.

— Claro, você já sabe o modelo que quer?

Ele ficou calado, só me olhando por alguns segundos.

Eu repeti a pergunta:

— Você sabe que modelo você quer?

Ele sorriu:

— Tem algum modelo com o seu rosto?

Senti meu rosto ruborizar.

— Desculpe, mas é que você é tão bonita e tem um sorriso tão contagiante!

Fiquei toda sem jeito:

— Agradeço, mas no que posso ajudá-lo quanto ao seu pedido de camisetas...

Ele me encarou em silêncio e eu desviei o olhar, sem saber o que fazer.

"Você não sabe mais flertar, Clarice? Esqueceu o que é uma paquera? Esqueci!"

— Qual seu nome?

— Clarice!

Ele esticou a mão para mim:

— Pode me chamar de príncipe!

— Nas histórias, príncipes viram sapos. — disse eu, meio amarga.

— Ou sapos se transformam em príncipes? — Rimos juntos.

Apertei a mão dele, que tocou a minha com delicadeza e demorou para soltar, ainda olhando fundo nos meus olhos.

"Calma, Clarice, você é uma mulher casada... Mal casada, mas, casada."

Tentei mudar o foco da situação:

— Você quer escolher um modelo?

Mostrei o catálogo da loja, para que ele parasse de olhar para mim. Mas, ao mesmo tempo, eu me encantava aquele atrevimento.

"Perdi completamente o jeito de paquerar, mas interessante saber que eu ainda posso ser desejada por um outro homem!"

Ele escolheu o modelo, finalizou a compra e se despediu:

— Obrigada, Clarice. Volto pra buscar minha encomenda na semana que vem, então.

— Ok, príncipe, até mais.

Ele estava quase saindo da loja, quando virou para mim:

— Você me dá seu telefone?

Olhei para os lados e agradeci por estar sozinha na loja.

Ele insistiu:

— Me dá seu telefone!

Ele não desviava o olhar.

Eu peguei o cartão da loja, onde tinha meu contato e entreguei para ele, sem dizer nada.

Ele saiu, sorrindo.

Fiquei olhando para ele, como se eu fosse uma adolescente.

"Clarice, Clarice, tenha juízo! Será que quero ter juízo? Dessa vez, acho que não!"

TRAIÇÃO COMO DEFINI-LA?

Até que ponto uma traição pode ser realmente considerada uma traição?

Pegando como exemplo a minha situação, considerando que eu há anos vivia em um processo de violência doméstica, hoje, com uma nova consciência, consigo considerar e avaliar que, em primeiro lugar, eu estava traindo a mim mesma. Eu perdi a lealdade com minha própria individualidade e dignidade. Alguém que perde a identidade corre o risco de ser desleal de diversas formas, porque se torna uma pessoa que está perdida de si própria, confusa e sem noção do que é verdadeiramente certo e errado.

É claro que essa sequência de erros não justifica o que veio depois: a traição. Porém, naquela situação era difícil para mim afirmar com todas as letras que eu traí meu marido. Quantas vezes ele me traiu a cada vez que levantou a mão para mim?

Traição não é apenas um flerte, um desejo ou até uma relação sexual. Traição, antes de tudo é aquilo que é desleal, que mente, desrespeita e machuca.

Hoje, com o conhecimento das constelações familiares, eu sei com absoluta certeza que agiria diferente. Com a maturidade e o conhecimento que tenho agora, trabalharia a raiz dos problemas, que nesse relacionamento sempre foi a relação abusiva e a violência. Ou seja: ou me separaria definitivamente daquele homem, respeitando tudo o que nos havia conduzido até ali, ou juntos procuraríamos os caminhos da cura e da libertação dos emaranhamentos em que ambos nos encontrávamos, em lealdade ao nosso sistema familiar.

Muitas pessoas se perdem em relações abusivas por falta de maturidade, pelas repetições dos sistemas familiares, ou seja, por pura falta de conhecimento, inconsciência infantil mesmo.

O que aconteceu comigo a partir dali foi sim traição, aos olhos de quem vê a história de maneira superficial ou para quem vê apenas o que se sobressai em um determinado momento. Porém, para mim, que via uma oportunidade diante de tudo que se apresentava naqueles longos anos, pude ver na verdade uma chance de salvação. A traição maior, na qual trabalho todos os dias para me perdoar, foi a traição cometida por mim mesma, por ter ficado tanto tempo em uma relação que me causou tantos traumas e pela total falta de conhecimento sobre mim mesma.

Será mesmo que eu precisava de um príncipe quase nada encantado para ser salva do bandido, quando a salvação no fundo dependia só de mim mesma e de me conhecer melhor? A maior traição que um ser humano pode cometer é contra ele mesmo. E este era, com certeza, o meu caso.

Confesso que não passou muito tempo para eu me render às insistências do cliente conhecido como Príncipe, passamos a nos encontrar com certa frequência. Me sentia mal com essa situação, mas ao mesmo tempo ela me confortava e me fazia sentir bem.

"Eu mereço me sentir viva, amada, desejada! Sim, Clarice! Você e todas as mulheres merecem, sim!"

Estava na minha loja quando, mais uma vez, o "Príncipe" chegou. Começamos a conversar de forma descontraída. A loja estava vazia e eu estava mesmo precisando conversar!

Ele me contou que era casado, pretendia se divorciar e estava indo embora para Londres.

— Londres? Uau, que chique! — respondi, surpresa.

Disse que o relacionamento não estava bem e que também precisava dar um rumo na sua vida financeira.

"Será verdade, ou ele é mais um desses homens mentirosos?"

Conversa vai, conversa vem, ele fechou mais um pedido de camisetas. Subi na escada para pegar sua encomenda e discretamente ele percebeu as marcas roxas na minha perna.

— Clarice, o que é isso na sua perna? Eu já tinha percebido que alguma coisa não tava bem com você. Conheço você há tão pouco tempo, mas é nítida a tristeza no seu olhar. Seu marido bate em você?

— Por favor! Não quero falar sobre isso, pega suas camisetas e vai. Outra hora conversamos.

— Me deixa ajudar você!

— Ajudar como? Você não está indo embora pra Londres? Vá e seja feliz! Eu já tô acostumada com essa vida.

— Sinto muito.

Percebi a doçura em seu olhar, mas continuei:

— Sei como me defender, não se preocupe, eu vou ficar bem. Agora vá, por favor. Meu marido tá em casa e a qualquer momento pode chegar aqui na loja. Não quero ter mais problemas. Vá!

Ele se despediu me olhando com um olhar de compaixão. Vi em seus olhos a decepção e a impotência por não poder ajudar.

Poucas semanas depois eu estava no meu escritório, conversando com o Príncipe, por telefone. Ele já estava em Londres. Nos falávamos com frequência e nos tornamos bons amigos.

"Ou bem mais do que isso! Não sabia bem ao certo."

— Você tem que se divorciar Clarice! Larga esse cara, ele não merece você. Tenha coragem! Foi a melhor coisa que eu fiz na minha vida.o Mudei o rumo, me permiti novos ares. Gostaria que você também se permitisse viver isso. Vem pra Londres. Eu quero me casar com você! Podemos começar uma vida nova...

— Não tenho coragem de fazer isso assim. São treze anos juntos! Seria desumano da minha parte. Ele, mais uma vez, tá desempregado, eu acabo ficando com dó...

— Clarice, acho que você não deveria fazer isso com você mesma.

— Peço que você tenha paciência. Ele tá aguardando a resposta de um novo emprego. Se der certo, prometo que vou resolver minha vida e, quem sabe, aceitar sua proposta.

— O cara bate em você esses anos todos de casada e você ainda tem pena dele, Clarice? Eu tenho pena é de você, por pensar assim!

"Ele é tão incisivo, assertivo! E eu sei que ele está certo!"

— Eu sei... Assim que ele arrumar um trabalho vou pensar melhor nisso. Prometo!

Ouvi ele suspirando do outro lado da linha e decidi mudar um pouco o rumo da conversa:

— Recebeu minha carta?

Ele respondeu todo carinhoso:

— Recebi. Adorei a foto, você é tão linda! Vou tratar você como uma rainha. Assim você vai ver que eu não vou me transformar em sapo, e sim, no seu rei. Jamais vou pôr as mãos em você, como o covarde do seu marido faz.

— Eu sei, percebo que você é um cavalheiro. Acredito que você vai mudar minha vida!

— Então, você vem?

— Penso que sim. Aprendi a ser mais racional e agir menos com o coração! Então, quando as coisas estiverem mais organizadas por aqui, vou pensar com carinho nisso tudo. Mas por agora, por favor, não vamos mais voltar nesse assunto.

— Ok! Desculpa minha insistência.

Conversamos por mais quase meia hora. Depois disso, fiquei sentada na minha mesa de trabalho, rabiscando alguns papéis e pensando na vida.

"*Vai ser uma vida nova, Clarice!*"

Me levantei, me olhei pelo espelho do vestiário da loja e sonhei acordada:

"*Você vai ser tratada como uma rainha, como sempre deveria ter sido, desde o início!*"

Olhei em meus olhos e para todo o contorno do meu rosto:

— Você é uma mulher forte, batalhadora, merecedora, não nasceu pra isso, não!

Virei o pescoço para os lados, como se checasse todos os meus perfis.

Falei comigo mesma, mais uma vez:

— Você é uma rainha. Todas as mulheres devem ser tratadas como rainhas, Clarice! Tome posse disso!

Pensei nas minhas irmãs, e, do profundo da minha alma, elevei meu pensamento a Deus e solicitei a Ele que nunca permitisse que minhas irmãs e nem minha filha passem pelo que eu passava.

"*É, tudo foi mesmo muito difícil. Ainda assim, agradeço e digo que valeu a pena, pois tudo na vida fica como aprendizado. Tenho minhas irmãs, que são praticamente minhas filhas, tenho uma filha linda, fruto desse casamento, e uma mãe parceira, que mesmo não tendo muito como ajudar em meus problemas, sei o quanto ela sofre comigo, calada."*

Voltei para minha mesa, no escritório e continuei pensando:

"Como será a reação da minha família quando eu anunciar que quero me separar? Sei que eles sabem que vivemos em pé de guerra. Ao mesmo tempo, todos gostam dele porque com minha família e com nossa filha ele é bom. Se bem que uma vizinha contou para minha tia que eu apanhava. Minha tia deve ter contado para minha mãe. Porém, nem ela e nem ninguém da família nunca fizeram nada, nem mesmo meu irmão. Será que todo mundo sabe e faz de conta que não sabe? Ou não se importam? Meu sonho era que um dia meu irmão desse uma surra nele e falasse: 'Se um dia você encostar mais um dedo na minha irmã eu mato você!'. Acho que me sentiria a mulher mais amada e protegida deste mundo."

Suspiro:

"Ah, chega desse 'lenga-lenga', Clarice! Esqueceu que você agora é uma mulher prática? Se ninguém se

importa, dane-se. Eu me importo! Treze anos, meu Deus. Treze anos! É muito tempo! Basta! Abuso, comigo não! Nunca mais!"

Afirmei isso com todas as forças do meu coração, porém meu inconsciente desconfia e em seguida retruca.

"Será mesmo?"

Era fim de mais um dia. Tinha trabalhado feito uma louca! Havia carregado rolos e mais rolos de malhas para as costureiras confeccionarem as camisetas. Estava exausta e revoltada!

"Por que eu tenho que fazer isso tudo sozinha? Estou indignada comigo mesma, por não exigir ser tratada como uma dama. Mas também, se eu não faço, aí sim que a casa cai de vez!"

Finalmente cheguei em casa, coloquei minha filha no banho e dei umas bonequinhas para ela brincar:

— Filha, fica brincando com suas bonecas no banho enquanto eu vou preparar um lanche pra nós.

— Tá bom, mãe. Você pode fazer cachorro-quente?

— Sim, filha. Faço cachorro-quente!

Vi o largo sorriso no rostinho dela.

Liguei para meu marido, que atendeu o telefone extremamente ríspido.

— O que você quer?

— Eu, não! Sua filha quer cachorro-quente, você pode passar na padaria e trazer pão?

— Ok. Já estou chegando e levo.

Ele chegou em casa, jogou os pães em cima da mesa e, junto, jogou também um papel.

— Toma o pão e mais esse papel de presente.

— O que é isso?

— Ganhei uma multa de trânsito hoje. Tem que pagar até o fim do mês.

— Você tá de brincadeira com a minha cara? Tô exausta de tanto peso de malhas que carreguei hoje. As contas estão todas atrasadas. Como sempre, tudo fica em cima das minhas costas e você, além de não ajudar, ainda piora as coisas recebendo multas? Você é mesmo um imprestável, irresponsável, isso sim que você é!

— Meu dia foi um inferno hoje e ainda tenho que aguentar você jogando coisas na minha cara, Clarice! Ah não, não mesmo!

Ele me empurrou. Caí no chão.

Então começou a me arrastar pelos pés, vindo da cozinha para a sala. Grudei nos pés da cadeira da mesa, que tombou no chão e faz o maior barulho. Ouvi minha filha sair e vir correndo do banheiro.
"Ai, meu Deus, tadinha."
Ela estava nua, toda molhada, com os cabelinhos cheio de sabão. A cena do rostinho dela assustada nunca mais sairá da minha memória. Assustada, porém com autoridade, feito uma adulta, ela gritou:
— Pai, solta minha mãe! Solta minha mãe, solta ela, agora!
Ele me soltou. Pegou a chave do carro e saiu. Minha menina! Choramos juntinhas. Ela tinha apenas sete anos.
— Vamos, filha, vamos! Eu te ajudo a tirar o xampu.
Depois que ela terminou o banho, preparei o cachorro-quente, mas ela só deu duas mordidas. Sei o quanto custou dar aquelas duas mordidas no lanche! A fome se foi, depois do que acabou de ver.
Tomei meu banho e fui dormir na cama com minha pequena, que, enquanto dormia, suspirava e soluçava.
"Perdão, filha. Você não devia passar por isso."

A TRANSFERÊNCIA DO TRAUMA DA CRIANÇA PARA A VIDA ADULTA

O fato de não ter me sentido amada na infância e nem protegida pela minha mãe das surras que eu recebia do meu pai, deixou um vazio em mim. Nutri o sonho de ser protegida por alguém e transferi esse desejo para meu irmão, que era a figura mais forte depois do meu pai. Passei anos sonhando com alguém chegando para me salvar, como o herói que salva a princesa no castelo da bruxa malvada. No meu caso, meu irmão me salvando do monstro que me aprisionava e que ainda me agredia. Talvez, quem sabe, na minha "loucura" de querer ser protegida, me permiti ser agredida, na expectativa de ser salva...

Aquilo que fez falta na infância, tornou-se um enorme buraco na vida adulta. Quando não temos consciência desse buraco, ele guia nossos pensamentos e ações de forma automática e despercebida, gerando em nós carências e expectativas.

Minha vontade de ser protegida era um reflexo da falta de proteção que senti na infância. Eu sabia do ressentimento que remoía, pelo fato de minha mãe não ter se posicionado. Hoje, reconheço os medos e os motivos tão particulares dela. Mas a criança em fase de desenvolvimento não olha para isso, ela quer apenas se sentir segura e protegida pelos seus genitores. Na fase adulta, vivi por muito tempo sem ter a consciência dessa carência e desejo de proteção. Entendi a violência como uma forma de ser amada, então permiti que meu marido me amasse como meu pai soube me amar, e acabei consentindo esse abuso.

Quando agi assim, honrei meu pai, não permitindo atrair para minha vida alguém que me amasse de uma forma melhor e mais carinhosa do que aquela que ele soube me amar. Portanto, meu inconsciente escolheu o marido perfeito para mim, exatamente como eu necessitava, para seguir honrando o amor de meu pai em forma de surras, pois essa foi a forma que meu pai me amou e me educou.

Justamente essa falta e a sensação de estar desprotegida colaboraram para que eu aceitasse a situação de abuso, sem tentar sequer encontrar proteção. A cada agressão, eu acionava o gatilho de quando meu pai me batia e pensava comigo mesma: "ele também me bate, porque me ama", porque eu sabia que meu pai me batia justamente pelo fato de me amar demais.

Não podemos mudar o passado, mas podemos transformar nossa percepção e posicionamento, ressignificando o passado e tendo uma nova ação no presente, nos despindo de qualquer julgamento, aceitando tudo como foi, como nossos pais souberam fazer, e nos sentindo extremamente amados e preenchidos só pelo fato de nossa vida acontecer. Eu já era amada, só não sabia ainda reconhecer isso.

Depois da última cena de brigas, me conscientizei da minha responsabilidade sobre os traumas que eu estava criando na vida da minha filha e decidi, por mim e por ela, mudar o rumo de nossas vidas.

Londrina, 03.09.2003

Era bem de manhã. Eu já estava na minha loja de serigrafia, trabalhando e pensando na carta que escrevi para o meu "amigo Príncipe", a qual eu havia escondido embaixo do colchão. Tive que esconder, pois, se teve algo que perdi nesse casamento, além de muitas outras coisas, foi minha privacidade.

Decididamente, escrevi na carta minha decisão de ir para Londres. Agora era só uma questão de tempo, até meu marido arrumar um emprego. E pontuei uma irrevogável condição: minha filha teria que ir comigo!

Sem perceber, penso em voz alta:

—Mas quanto tempo vai levar, meu Deus, até esse homem arranjar emprego? Não arranjou em treze anos, será que vou ter que esperar mais treze? Fé, Clarice, tenha fé!

De repente, escuto um chute estrondoso na porta do meu escritório. Vi meu marido entrando porta adentro, feito um louco. Ele começou a jogar as coisas de cima da escrivaninha no chão, arrebentou cabos, fios, puxou o computador com força da tomada e começou a arrancar tudo do lugar.

"Meu Deus, ele achou a carta!"

Meu funcionário assistia a tudo, assustado e paralisado, olhando para aquela cena e vendo meu marido gritar:

— Pu#*!, vagab*#@! Você não vale nada, Clarice!

— Calma! Vamos conversar em casa! Você não precisa fazer isso aqui.

Minha mãe chegou correndo, do fundo da loja até o escritório:

— Meu Deus! O que tá acontecendo aqui, vocês ficaram loucos?

— Calma, mãe, calma! Eu vou resolver isso.

Ele pegou a CPU do computador e saiu enlouquecido da loja.

Eu saí atrás feito louca, correndo atrás dele, que continuava gritando:

— Você não presta, você é uma vagab*#@!

Os funcionários das lojas vizinhas, as pessoas na rua e os moradores locais, todos assistiam a tudo.

— Pu#*, sua pu#*!

Passei de cabeça baixa, morta de vergonha, tentando minimizar a situação e não encarar as pessoas.

"Que vergonha! Que vergonha!"

Consegui alcançar os passos dele. Quando cheguei perto, sem que eu pudesse pensar, recebi um soco tão forte no nariz, que senti meu corpo sendo arremessado para trás, onde cai longe.

Todos assistiram como se fosse um show de rua, ninguém fez nada! Como pode? Ninguém fazer nada... Senti o sangue escorrendo pelo meu nariz e sujando todo o meu rosto. Ainda assim, procurei forças para me levantar e segui atrás dele, que continuou andando rumo ao nosso apartamento, que ficava a uma quadra da loja.

— Pu#*! Vagab*#@! Você não presta, Clarice! Vai ver só o que vai te acontecer agora!

Tentei estancar o sangue do nariz, segurando forte com a mão, enquanto subia as escadas do prédio atrás dele. Só pedia que Deus me protegesse. Entrei no apartamento, logo atrás dele, e dei de cara com minha filha, que já estava com uma cara de assustada por ouvir os gritos escada afora. Infelizmente, ela já havia presenciado outras cenas de brigas, apesar da minha tentativa de poupá-la ao máximo. Nenhuma criança merece passar por isso.

Meu marido a pegou pela mão, a levou até o quarto e se trancou com ela. Eu fiquei desesperada do lado de fora gritando:

— Pelo amor de Deus, ela é uma criança! Deixa ela fora disso! Me deixa levar ela pra escola primeiro, depois resolvemos isso, somente entre mim e você. Por favor, eu te imploro!

— Você pensou nela quando escreveu essa maldita carta?

"Sim, pior que pensei nela e em mim, na esperança de uma vida melhor."

Ouvi minha pequena chorando no quarto, enquanto ele lia a carta para ela. Não acreditei que ele estava lendo a carta para ela. Tudo minha culpa, olha o que eu havia feito!

Estava colada na porta do quarto, chorando e pedindo para ele parar, quando de repente ele abriu a porta. Em menos de um segundo, ele trancou o quarto com nossa filha, que continuou chorando, lá dentro. Sem que eu conseguisse reagir, ele chegou bem perto de mim, me segurou forte pelo braço e começou a me bater com um ódio e agressividade que não tinha antes. Caí no chão, depois de vários socos, chutes, tapas, pontapés e puxões de cabelo. Tentei não gritar, para minha filha não ouvir, mas a dor era forte demais. Só conseguia suplicar para ele parar, mas ele gritava, ensandecido:

— Agora tira a sua roupa, Clarice! Tira a roupa. Vou levar você lá fora, lá no meio da rua, pra todo mundo ver quem você é de verdade, sua pu#*!

Tremi, me vi suja, como a mulher adúltera do evangelho que estava sendo levada em praça pública para ser apedrejada.

— Não, por favor! Para com isso! Pensa na nossa filha.

— Eu vou levar você lá fora e mostrar pra todo mundo a mulher ordinária que você é!

Ele continuou me chutando e me batendo. Eu simplesmente obedeci. Entre as pancadas, comecei a tirar a roupa, que já estava suja de sangue. Ao tirar, percebi ele olhando detalhadamente para meu corpo, chorando, desesperado e perdido. Ele estava louco! Pela primeira vez, em treze anos de agressão e violência, senti medo de verdade.

Eu estava completamente nua, em pé na frente dele, aguardando suas próximas ordens, machucada, sangrando, em completo silêncio, enquanto ele continuava chorando e me olhando. Seu olhar sobre meu corpo continuou ainda por um bom tempo, até que ele parou de me olhar e pareceu desistir de me levar Lá fora. em seguida, foi até o quarto da minha filha, e novamente se trancou lá dentro com ela. Eu a ouvia chorar e perguntar:

— Pai, o que tá acontecendo? Não tô entendendo nada, mas por favor, parem!

— Eu amo você filha! O papi tá indo embora, mas nunca se esqueça que eu amo você!

Enquanto isso, voltei a vestir rapidamente minha roupa, morrendo de medo de apanhar por isso, mesmo assim, me vesti. Quanta dor, tudo doía! Minha perna, meus braços, meu rosto estavam praticamente intocáveis. A porta do quarto se abriu, minha filha veio correndo e chorando até mim e me abraçou forte.

— Calma, filha, tá tudo bem, vai ficar tudo bem.

Ela olhou meu rosto todo machucado e sangrando. Vi o desespero no rostinho dela. Se eu pudesse voltar no tempo, preferia apanhar o resto da minha vida para ela não ter passado por aquilo. A culpa dentro de mim só aumentou.

— Mãe, mãe! — Ela chorava copiosamente.

— Tô bem, filha, não se preocupe, vai ficar tudo bem.

Minha filha me abraçou e ao mesmo tempo olhou para o pai, que andava pela casa de um lado para o outro. Ele foi para o nosso quarto e só escutamos ele chutando o guarda-roupas. Seguiu-se um barulho de algo quebrando. Minha filha me abraçou mais forte ainda, com medo. Meu Deus, o que ele estava fazendo agora? Iria quebrar a casa toda? Quando isso iria acabar?

— Mãe, tô com medo!

— Calma, filha! Fica aqui, vou ver o que tá acontecendo. Já, já, isso vai acabar. Esse inferno tá chegando ao fim.

Minha filha gritava e chorava:

— Para pai, para, por favor!

Ele parou de chutar os móveis. A uma certa distância, vi ele pegando uma mala e colocando algumas roupas nela, de forma agressiva e desordenada. Abriu o maleiro do guarda-roupas e pegou todo o dinheiro que economizei durante meses para pagar o décimo terceiro do nosso funcionário da loja. Não conseguia acreditar que ele estava pegando aquele dinheiro. Mas apenas segurei minha filha e em silêncio observamos a cena. Se eu reagisse, do jeito que ele estava transtornado, poderia me bater de novo ou perder a cabeça de vez e me matar na frente da minha filha. Então pensei: "Aquilo é só dinheiro, minha vida vale mais!" O bem mais precioso de tudo que existe na vida ficaria comigo: minha filha era o que me importava!

Ele saiu do quarto, ainda enlouquecido, puxando a mala pelo corredor, esbarrando e derrubando tudo pelo caminho. Chegou na sala onde estávamos acuadas em um canto do sofá, abriu a porta da estante e pegou o que eu tinha de mais valioso e importante dentro daquele apartamento inteiro: a caixa de fotos da minha família. Lembranças e fotos da minha infância e das minhas irmãs, do nascimento da minha filha e principalmente fotos de quem já não se encontrava mais entre nós: meu pai.

"Não, não! Isso não! O que ele vai fazer com a minha caixa? Minha vida está dentro dessa caixa! São as minhas lembranças! As únicas recordações do rosto do meu pai. Não, isso não!"

Ele pegou a caixa e eu entrei em desespero.

"As fotos do meu pai! Meu pai! Leva tudo, mas deixa essa caixa aí, pelo amor de Deus!"

Mas não ousei falar em voz alta, porque eu estava com muito medo de que ele me batesse de novo. Ele carregou a caixa, junto com a mala e mais alguns pertences pendurados pelo braço, foi quando eu não consegui me conter:

— Pelo amor de Deus, nessa caixa tá toda a minha vida, memórias da minha infância, histórias de família, não misture as coisas. Leva tudo que você quiser, menos essa caixa, eu te imploro!

— Você nunca mais vai ver essa caixa, Clarice!

— Não faça isso, por favor, não faça isso!
— Pai, devolve a caixa pra minha mãe!

Ele olhou para ela um segundo, deu um beijo em sua testa, falou mais uma vez que a amava, em seguida, pegou a chave do carro e ignorou completamente nosso pedido.

Saiu, bateu a porta e se foi, levando, junto com a mala, o dinheiro do funcionário, o carro, minha dignidade, meus treze anos de esperança e a caixa das minhas melhores memórias. Chorei, como nunca havia chorado antes. A dor daquele momento é impossível de medir ou tentar explicar. A tortura psicológica não acabou. Segundos depois de ele bater a porta, voltou, abriu a porta mais uma vez e disse:

— Você nunca mais vai ver essa caixa. Dê adeus às suas lembranças. E tem mais uma coisa que eu quero te dizer: eu ainda vou ter o prazer de ver você jogada na rua, sentada à beira de um meio fio, passando fome.

E então, finalmente a porta se fechou e ele se foi...

SEPARAÇÕES

Os pais, quando se separam movidos pela dor da separação, geralmente se esquecem que o rompimento se faz entre um homem e uma mulher e jamais entre um pai e uma mãe. Quando meu marido leu a carta para nossa filha de apenas oito anos de idade, ele fez dela sua confidente. E quando desejou para mim aquele fim tão triste, se esqueceu de que ela estaria sofrendo ao meu lado.

A Constelação Familiar defende a tese de que as consequências são graves para a vida de um filho quando um dos pais causa um prejuízo para o outro, quando elegemos os filhos para serem nossos confidentes, insistimos no grave erro de falar mal um do outro, ou quando cometemos a alienação parental.

Essas crianças, mais tarde, carregarão o peso de nossas atitudes e, inconscientemente, ainda na infância, adolescência ou na fase adulta, se comprometerão a se autocastigarem, atraindo para as suas vidas doenças, alergias, destinos difíceis ou problemas emocionais.

Bert Hellinger afirma que a única solução para isso é que os filhos, já na fase adulta e na posse de um melhor entendimento, se desvinculem totalmente desses fatos que foram a eles revelados e consequentemente registrados, e que tomem no coração esse pai e essa mãe, exatamente como eles foram e fizeram. (Tomar significa mais que aceitar. Quando aceitamos, na maioria das vezes, colocamos condições para aceitar ou não. Tomar significa pegar por inteiro, do jeito que é, do jeito que foi).

Londrina, setembro de 2003

Pela janela do apartamento, vi o carro indo embora.

"Ele está indo embora mesmo, será isso de verdade? O que eu faço agora?"

Olhei de novo. O carro estava cada vez mais distante, meus olhos já quase não conseguiam mais avistá-lo.

"Esse casamento acabou? Será? Não acredito que agora eu não vou mais apanhar! Eu não vou mais apanhar! É isso? Estou livre? Ainda não consigo me conectar com a realidade."

Senti um misto de desespero, de ver ele indo embora para sempre, mas ao mesmo tempo um alívio em saber que eu nunca mais passaria por nada daquilo de novo. Estava confusa e muito dolorida. Tudo doía, por dentro e por fora. Em poucos segundos, uma retrospectiva passou pela minha cabeça. Me lembrei da primeira vez que apanhei, depois das outras tantas vezes. Lembrei do dia que dormi embaixo do carro para não congelar no frio, da minha irmã pulando nas costas dele para ele não me enforcar, do rosto da minha filha com o cabelo cheio de xampu, tentando me livrar das garras do pai... Quantas lembranças terríveis, quanta dor e sofrimento! Minha cabeça não parava de pensar...

"Para onde ele vai? Onde ele vai dormir? Será que ele vai comer, se cuidar ficar bem?"

Briguei comigo mesma por esse pensamento invadir minha mente e falei em tom enérgico comigo mesma:

— Cala a boca, Clarice! Pelo amor de Deus, pelo menos uma vez na vida, pense em você! Isso já não importa mais. Mas... mas... não consigo não me preocupar. Que sentimento estupido é esse, meu Deus? O que eu faço? Tô tão perdida!

Respirei fundo, olhei para minha filha e senti nesse momento que a Clarice fria e prática dos últimos anos precisava voltar, urgente!

— Filha, vamos arrumar essa bagunça? Você me ajuda? Acabou minha criança, acabou! Agora será somente eu e você. Garanto que nossa vida será de paz daqui pra frente, você vai ver.

Ela enxugou as lágrimas, balançou a cabeça, acreditando em mim, aliviada. Começou a me ajudar colocar as coisas espalhadas pelo chão de volta ao lugar, numa mistura de amor, dor e completo alívio.

Londres, 2022.

Laurinda apertou minha mão:

— Meu Deus, Clarice! Se eu estivesse lá, eu mesma iria acabar com a raça desse seu ex-marido. O sangue português que corre em minhas veias não iria aguentar isso. Eu sinto tanto por você.

Senti minha respiração voltar, pois estava sem ar. Balancei a cabeça e suspirei.

— E o que você fez depois?

— Bom... depois de arrumar o apartamento, tomei banho, levei minha filha pra escola, voltei pra loja e fui trabalhar.

— Não acredito! Toda roxa e machucada? E ninguém fez nada?

— Ninguém! Nem eu fiz... Segui o dia como se nada tivesse acontecido, e todos fingiram que nada viram.

Respirei mais uma vez e soltei o ar, com agressividade.

— Meu Deus do céu Clarice! Que mundo é esse? E o que você decidiu depois de tudo isso? Me diga, pelo amor de Deus, você não voltou mais com esse homem, né?

— Não. Pelo menos nisso eu fiz a coisa certa. Nunca mais voltamos.

— Foi à polícia?

— Então... Na verdade, minha vontade era de não fazer nada e deixar tudo pra lá. Mas, na época, a namorada do meu irmão quando me viu no final do dia, ficou enlouquecida. Praticamente me forçou a ir até a polícia. Ela me deu suporte emocional e me acompanhou no corpo de delito e no registro da ocorrência.

— Finalmente, uma mulher lúcida e consciente, hein! Graças à Deus!

— Sim, eu sei, Laurinda. Você tem razão, mas quem passa por isso tem muito medo de denunciar o agressor. Depois, fomos até um advogado, que imediatamente fez a separação de corpos e dissolução de união estável, pra que eu não respondesse por mais nada que meu ex-marido fizesse dali em diante.

— Era só o que me faltava, ele fazer algo mais, depois de tudo, e ainda sobrar para você.

Suspirei e continuei relatando o após:

— Seis meses se passaram. Eu precisava formalizar uma ação judicial contra ele, mas eu fui até a delegacia e retirei a queixa, não quis entrar com a ação judicial. A delegada que me atendeu me deu o maior sermão. Eu ainda tive que ouvir que era por causa de mulheres como eu que existiam homens como ele. Enfiei minha "vergonha no saco" e saí decidida, mesmo após essas palavras da delegada, em não continuar com a ação judicial.

— Por quê? — perguntou Laurinda, com um certo ar de indignação.

— Pela minha filha. Por ela e por tudo que aprendi ao longo da minha vida com as filosofias religiosas que participei e principalmente pelos ensinamentos que recebi dos meus pais. Não acreditava mais no carma da forma como sempre ouvi, mas acreditava, e acredito até hoje, que tudo na vida tem uma razão de ser.

— Eu não acredito nisso, Clarice!

—A delegada também não acreditou. Me arrependo por não ter cumprido com meu dever civil de dar continuidade ao processo judicial de agressão, mas na minha consciência, cumpri com meu dever moral. Hoje procuro trazer compensação, pelo não cumprimento, apoiando outras mulheres a não aceitarem viver o que eu vivi e a não permitirem que as coisas cheguem a esse ponto. Auxilio mulheres a se encorajarem e a buscarem soluções preventivas.

LEI MARIA DA PENHA

Quando a maior agressão e violência que sofri na vida aconteceu, era o ano de 2003. Naquela época, não existia a Lei Maria da Penha, que só foi sancionada em 7 de agosto de 2006, como a Lei Federal nº 11.340.

Se hoje em dia, mesmo com a Lei Maria da Penha, muitas mulheres se sentem acuadas na hora de registrar um boletim de ocorrência contra seus parceiros, imagine como era sem essa lei?

A questão é que, sim, é muito importante que essa lei exista, mas ela não resolve o problema por si só. Quando uma mulher dá queixa em uma delegacia da mulher, comumente ela é recebida por homens, que, em vez de acolhê-las, muitas vezes julgam. Isso pode piorar a situação, pois o momento é de muita fragilidade e constrangimento.

O mesmo acontece durante o exame de corpo de delito: elas acabam sendo recebidas por policiais médicos, porém, homens. Quando precisam fazer fotografias, costumam também ser homens os fotógrafos. Não são todas as delegacias da mulher que têm à disposição profissionais do sexo feminino para atendimento das vítimas. Também é preciso ressaltar que a categoria de investigadores também é formada majoritariamente por homens. Quando mulheres precisam acionar proteção policial, são novamente acudidas por policiais homens, o que, nesse caso é até um pouco mais compreensível, pois o agressor possivelmente poderia não respeitar uma policial do sexo feminino.

É claro que, dependendo da cidade, do estado e do avanço em que esse tema se encontra, as mulheres já podem contar com delegacias da mulher especializadas no acolhimento de mulheres que passaram por violência ou abuso sexual. Então toda essa sequência de atendimento é feita por outras mulheres, que procuram acolhê-las e encorajá-las a seguir com o processo.

Me refiro aqui ao Brasil, mas isso também acontece em diversos outros países ao redor do mundo, onde os abusadores e violentadores têm vantagens absurdas sobre as mulheres. Em primeiro lugar, em uma sociedade machista, a mulher que sofreu violência geralmente é julgada. São comuns frases do tipo "Ah, mas ela estava de minissaia! O que ela estava fazendo na rua a essa hora da noite? O que ela fez, para que o marido a agredisse? Por que ela não obedeceu?" e tantas outras do tipo, que voltam a violência para a vítima e não para o criminoso.

Anos após o ocorrido, cheguei a ouvir de uma mulher machista, que "provavelmente eu apanhei porque não me calei". Fiquei indignada com tamanho absurdo e falta de empatia.

É muito difícil sofrer o trauma da violência e ainda ser responsabilizada, vide o caso recente de uma jovem brasileira que deu muita repercussão nas redes sociais. A menina era virgem, foi dopada, pediu ajuda pelo celular, com mensagens que foram parte do processo, mostrando que ela sabia que estava drogada e não estava em sua condição normal de tomar decisões. Teve imagens dela gravadas, sendo levada para um quarto privado dentro de uma boate onde foi estuprada, com provas confirmadas de sêmen do agressor em suas roupas e corpo. Com tudo isso, ela ainda sofreu violência verbal durante o julgamento, quando o juiz simplesmente não se manifestou e apenas assistiu ao advogado da defesa inferindo frases machistas, completamente absurdas, contra a vítima. Esse julgamento teve uma importância extrema porque, a partir do aprendizado gerado nesse caso, foi criada e implementada uma lei cujo nome é Lei Mariana Ferrer, de nº 14.425, que protege vítimas de crimes sexuais em julgamentos, sancionada em 22 de novembro de 2021.

Até os dias de hoje, infelizmente no mundo inteiro, há casos de mulheres que passaram por situações de agressão e ainda revivem a violência quando são julgadas e condenadas por outras pessoas, em vez de serem defendidas e acolhidas. Se atualmente essa situação ainda é difícil, devo afirmar que na época em eu sofri violência, sem a Lei Maria da Penha, afirmo que era muito pior, pois eu não tinha estrutura para seguir adiante, sozinha perante o sistema. Com certeza, hoje a realidade de minhas ações seria diferente. Mas aprendi a aceitar meu passado sem julgamentos e a perdoar a mim mesma por minhas ações e decisões. E assim sigo em frente.

CAPÍTULO 5

DOENÇAS

"A vida lhe nega milagres, até que você entenda que tudo é um milagre."

Bert Hellinger

Eu e Laurinda ainda estávamos sentadas no mesmo lugar admirando o Big Ben.

"Será que prestamos mais atenção ao Big Ben ou às imagens que vieram a mente sobre o meu passado?"

Olhei para minha mais nova amiga:

— Você não tá cansada das minhas histórias, Laurinda?

— De jeito nenhum! Estou é curiosa para saber como ela veio terminar aqui em Londres.

Dei um sorriso aliviado.

"Como é bom alguém para nos ouvir. Talvez este seja o ideal: falar dos segredos para alguém que não conhecemos bem. Talvez seja simplesmente mais fácil. É isso!"

Estralei o pescoço dos dois lados e fiz um convite:

— Que tal uma caminhada às margens do rio Thames?

— Boa ideia! Assim movimentamos o corpo, respiramos outro ar e nos sentamos num lugar novo.

— E assim você conhece os principais pontos turísticos de Londres.

Ela levantou, esticou o dedo para cima e disse com seu sotaque bem português de Portugal:

— E ainda, com uma guia turística que fala a minha língua e mora aqui há vinte anos. É um privilégio, ora pois!

— Você é demais, Laurinda! — Rimos.

Seguimos caminhando e apreciando a arquitetura de Londres. Após comprarmos um sorvete, continuamos nossa caminhada nos deliciando com a sobremesa, como velhas amigas.

"Que dia único! Que presente está sendo para mim, essa 'amiga inesperada'. Gratidão Deus! Sem contar o quanto ela é boa ouvinte, impressionante. Qualidade de poucos. Que sorte a minha!"

— E então, Clarice? O que aconteceu depois da delegacia e aquilo tudo?

— Ahhh, minha amiga. Vamos lá!

Acabei meu sorvete e voltei a contar a minha história.

Quase dois anos se passaram, desde aquele dia de dor e violência. Após me separar do primeiro marido, dei mais uma chance ao amor e me casei com o Príncipe. Encontramos um no outro o forte desejo do recomeço. O que eu não sabia era que...

Laurinda me interrompeu:

— Ah não! Pelo amor de Deus, não vai me dizer que este marido era também violento? Não vou aguentar ouvir isso.

— Não! Graças a Deus, não era esse o problema. Ele sempre foi muito gentil, fez papel de pai pra minha filha. Como o pai dela, desde a separação, nunca ajudou com um centavo, eu passei a fazer papel de pai e mãe, com todas as responsabilidades que educar um filho requer.

— Que pena que alguns homens agem assim, não é mesmo? Eu também fui uma dessas mulheres Clarice, tipo pai e mãe.

— Sinto muito por você, Laurinda. Quero saber da sua história também, até agora só eu falei da minha.

— Este será motivo para um novo café, Clarice.

Dei um sorriso, pela alegria de saber que a amizade com ela estava apenas começando.

— Será um prazer! Hoje somos mulheres livres, independentes, empoderadas e podemos marcar esse café em Portugal, Londres ou até, quem sabe, Paris?

— Ora, pois! Why not? Pourquoi pas?

Demos gargalhada, com a satisfação estampada pelas mulheres que nos tornamos.

— Pois é. Hoje somos mulheres livres. Mas o quanto tivemos que caminhar para chegar até aqui? Qual foi o preço de tudo isso? Mas, vamos lá, termine: o que foi que você não sabia quando se casou pela segunda vez com o Príncipe?

Respirei profundamente e soltei o ar bem devagar, pensativa...

"O quanto caminhei, para chegar até aqui?"

Eu e o Príncipe namoramos por quase um ano, nosso namoro era por telefone. Eu no Brasil e ele em Londres. Até que um dia combinamos de ele vir até o Brasil para nos conhecermos melhor.

— E ele foi?

— Sim! No mesmo apartamento onde eu vivi aquele dia de terror. Foi lá que ele ficou comigo por vinte dias e foi muito bom. Apesar da culpa e da tensão que ainda me atormentavam, tipo um fantasma, em relação ao meu ex-marido. Eu pensava o tempo todo em como tudo terminou, fazia meu próprio julgamento, me intitulava como pecadora e não merecedora de ser feliz. Além dos traumas psicológicos que ficaram, eu tinha a sensação o tempo todo que ele poderia chegar ali e me espancar novamente.

— Mas, Clarice, você apanhou por treze anos e ainda não se achava merecedora de tentar ser feliz!

— Quando não se recebe apoio, Laurinda, a gente acredita sim, que a culpa é nossa. E o pior é que ninguém diz o contrário. Aliás, eu sempre ouvia o seguinte: "Sério que ele te batia? Ele parecia ser um amor de pessoa!" Tinha algumas pessoas que até me falavam que eu tinha que admitir que eu também tinha um gênio forte. Você acredita nisso??

— Que horror! A falta de empatia e de apoio de fato nos enfraquece.

Depois dos vinte dias no Brasil, ele voltou para Londres, dizendo que faria o máximo para voltar ao Brasil o mais breve possível.

Londrina, 11 de dezembro de 2004.

Seis meses depois de ele ter regressado a Londres, em um lindo dia de sol, eu estava num hotel ao ar livre, no fim da tarde, observando um lindo altar montado ao lado de uma piscina. Suspirei e cai na real!!

"A noiva estava pronta, linda por fora, mas ainda arrebentada por dentro. Meu Deus! É o dia do meu casamento!"

Olhei para os lados e apertei o buquê entre as minhas mãos, antes de começar a andar rumo ao altar. Encarei mais uma vez o altar e vi meu futuro marido lá na frente, chorando de emoção... Dei os primeiros passos.

"Que 'merda' é essa que você está fazendo, Clarice?" Falei internamente, no mais íntimo das minhas emoções.

Olhei para os lados e, sozinha, caminhei até o altar. Passei o olhar pela minha filha. Ela era a daminha de flores, caminhava lindamente pelo tapete, jogando as rosas pelo chão, para eu passar.

Margens do Rio Thames, Londres 2022.

Despertei, voltando à realidade com Laurinda me questionando:

— Que lindo deve ter sido sua filha jogando as flores... Mas porque você teve este sentimento enquanto caminhava até o altar?

— Como eu já disse, Laurinda, quando não nos conhecemos bem, pegamos direções erradas na vida, devido às carências, medos, necessidades emocionais, financeiras. No meu caso, principalmente, acredito que fui movida por um sentimento de vingança, O ego gritou forte dentro de mim, o ódio nos deixa cegos! Se, naquela época, eu tivesse o conhecimento que tenho hoje, com certeza eu teria evitado muitos sofrimentos.

— Você tem razão! Mas lembra daquilo que você disse lá atrás? Só se aprende a viver, vivendo? — indaga Laurinda.

— Certeza! Sou grata a cada experiência vivida, pois tudo me trouxe para quem sou hoje. Mas confesso que com autoconhecimento teria sido tudo bem mais fácil. Minha decisão definitiva de aceitar o convite de casamento e viver com o Príncipe em Londres se deu após um telefonema dele com a mãe. Ele tava lá no meu apartamento naqueles vinte dias de "test drive".

— Test drive? — Ela ri. — Esta foi boa, Clarice! Pelo jeito ele passou no teste, não é mesmo?

— Na verdade, a minha carência me enganava, dizendo que sim! Mas só sei disso hoje.

— Mas o que ele disse para a mãe, que fez você tomar a decisão de se casar com ele?

— Ele simplesmente antes de desligar o telefone, disse: Te amo, mãe!

Vi as lágrimas nos olhos da Laurinda. Ela compreendeu minha alma!

— Sou de família italiana, né? Todos falam ao mesmo tempo, se amam muito, mas expressam pouco. Aquele "Te amo, mãe!" me fez acreditar que seria tudo perfeito. Até aquele dia, eu nunca tinha visto um homem sensível. Então me encantei e casei.

— Me parece que ele conquistou você através dos valores dos seus pais, não foi isso, minha querida?

— Exato! A família dele era de pessoas amorosas, cheia de valores e moral parecida com a dos meus pais. E, no mais, eu tentei substituir as lacunas que se abriram na minha vida por causa da carência, do desejo louco de ter uma sogra que me amasse, um casamento de verdade, com tudo que eu tinha direito: no papel, vestido de noiva, festa, e principalmente, o foco principal: ferir meu ex.

Vi o rosto de espanto da Laurinda e continuei:

— Sim. Puro ego. Mostrar pro ex que eu estava namorando, que moraria em Londres, que teria uma família bem estruturada, que me dei bem e que ele iria engolir suas últimas palavras: as de "me ver passando fome, sentada à beira de uma calçada". Isso não parecia um ótimo plano de vingança?

— Sim, parece perfeito! — responde Laurinda, ainda bem espantada com o que ouvia.

Olhei para o céu e fechei os olhos por uns segundos. Continuei na minha confissão:

— Agora, admitir que outras coisas não funcionavam bem, minha vida sexual por exemplo, isso ninguém precisava saber, né? Na verdade, eu mentia pra mim mesma. Me apegava às coisas boas que ele tinha pra me oferecer.

Aos poucos, com a convivência, fui percebendo que ele era muito carente e tão machucado pela vida quanto eu.

— Sério? Que difícil, hein!

— Foi bem difícil sim Laurinda. Eu já tinha mudado toda minha vida, mudei de país, mudei a vida da minha filha, que se viu longe da avó, das tias, e eu não podia voltar atrás.

— Bom, ainda bem que ele era bom com você, apesar das carências dele também.

— Sim. O problema é que, devido a tantas pauladas, vamos nos acostumando com migalhas e deixamos de acreditar que merecemos mais.

— Que triste! Segundo casamento falido. — Suspirou Laurinda, com a voz embargada.

— No fundo, no fundo, eu sabia. Mas eu era rebelde demais pra ouvir a voz da intuição, então arrisquei! E, como dizia Roberto Carlos, "se chorei ou se sofri, o importante é que emoções eu vivi".

— E como foi trazer sua filha para a Inglaterra com você? O pai dela aceitou?

— Ah! Esse foi o início do meu empoderamento. Agradeço até hoje por aquele dia.

LONDRINA, 2004.

Eu estava em casa, organizando minha mudança para a Itália, onde decidi fazer minha cidadania e a da minha filha antes de ir morar em Londres. Liguei para meu ex-marido. No meio da conversa, estávamos neste ponto:

— Olá. Preciso falar com você sobre meus planos de ir morar em Londres e, claro, pretendo levar nossa filha junto. Preciso que você assine o passaporte dela.

— Eu já imaginava que você se casando com esse cara, um dia iria querer ir embora. Tava só esperando o momento que você iria precisar de mim.

— Acho que você não entendeu bem, vou explicar melhor: nossa filha precisa da sua autorização para fazer o passaporte dela. Eu, de você não preciso nada.

— Ah, claro, nossa filha precisa... Você com certeza vai usar nossa filha pra resolver nossas pendências. E as ações judiciais que temos pra divisão dos bens, vai usar ela também?

— Bens? Nós só adquirimos dívidas juntos. Não vou permitir você vender o único bem que restou, sem dividir justamente comigo. Por isso, bloqueei você na justiça. Você tá nervosinho porque teve que devolver o dinheiro pro comprador, não é? Se eu não tivesse feito isso, você teria vendido o imóvel e não ia dividir nada comigo. Ah, quer saber? Não vou discutir com você. Preciso da assinatura pra emissão do passaporte dela.

Ele respondeu, cheio de sarcasmo:

— Ok! Você quer minha assinatura pra levar ela com você? A gente negocia!

Senti como se eu estivesse perdendo o chão, o ar me faltava, minha cabeça girava. Coloquei minha mão sobre o estômago sentindo vontade de vomitar. Minhas entranhas pareciam estar se revirando dentro de mim:

— A gente negocia? Como assim, a gente negocia?

"É sério que ele está negociando o passaporte da minha filha? Ele está negociando a oportunidade de ela ter um destino melhor? A chance de estudar na Europa? Já se passaram dois anos desde a nossa separação, sem nenhuma contribuição da parte dele, e ainda assim ele não pensa nela? Não estou acreditando!"

Tentei encontrar uma forma rápida de desligar o telefone, para não explodir, mas minha cabeça já começava a fervilhar.

"Preciso pensar rápido. Quem esse imbecil pensa que é? Foi com esse cara que eu fiquei casada treze anos da minha vida, apanhando e acreditando que ele era meu amor?"

Meu cérebro parecia fazer conexões de pensamentos que nunca fez antes. Era como se eu pudesse ver toda a minha vida de outra forma, em questão de segundos. Eu me transformei de uma maneira que nem sabia que poderia existir.

"Agora ele mexeu com a mulher mais fera ferida dessa vida."

Senti como se, pela primeira vez, estivesse vendo de fato quem era o meu ex-marido. Dessa vez, vendo de verdade.

"Palhaço, FDP, vou mostrar para você que a gente não negocia mais nada, principalmente em se tratando da minha filha."

— A gente não negocia nada!!

Penso e grito, raivosamente:

— A gente não negociaaaaaaaaaaaa!!!

Já no escritório do meu advogado, expus a necessidade de minha filha fazer seu passaporte:

— Então é isso: o pai da minha filha sumiu. Não sei o paradeiro dele, nunca pagou pensão desde que nos separamos, não sei o que fazer, não sei onde encontrá-lo e ele nunca mais ligou. Me casei de novo, preciso seguir minha vida e dar uma oportunidade pra vida da minha filha também.

Fiz cara de mulher injustiçada, responsável e de uma mãe que jamais abandonaria sua filha por conta de um novo relacionamento. O que, na verdade, era fato, a mais pura das verdades!

Pensei em silêncio:

"Desculpe senhor advogado, mas tenho boas razões para agir desta forma. Com certeza, no meu lugar, o senhor concordaria comigo, se soubesse a metade da missa."

Ele me olhou com cara de convencido e determinado a me ajudar, então me orientou:

— Vamos publicar uma intimação por edital, com a necessidade do comparecimento dele neste fórum. Se em sete dias ele não se manifestar, entro com uma petição solicitando ao juiz a permissão pra emissão do passaporte da sua filha.

— Quanto tempo o senhor acha que vai levar esse processo todo?

— É relativamente rápido. Vou falar diretamente com o juiz, que é meu amigo. Pode continuar fazendo as malas.

Sorri de orelha a orelha, tentando disfarçar minha euforia.

— Obrigada, doutor. Nem sei como agradecer!

Fui embora, absolutamente satisfeita. Pensando comigo mesma:

"A gente não negocia! A gente não negocia! A gente não negociaaaaaaaa nuncaaaaa maaaaiiissss!"

Semanas mais tarde, após o edital, o juiz assinou o passaporte da minha filha e embarcamos rumo à Veneza: minha filha e eu.

Esse foi o momento em que de fato me empoderei e tomei posse de vez da minha vida. A partir dali, eu não tinha medo de mais nada.

Porém, meu ego ainda não estava 100% satisfeito. Eu só iria descansar quando repetisse, em alto e bom tom, para o devido destinatário, a frase que ficou martelando na minha cabeça durante todo aquele processo de mudança que eu estava vivendo em minha vida.

Queria gritar diretamente para ele: A gente não negocia!! A gente não negocia!

A viagem para a Itália foi ótima. Minha filha estava encantada com a televisãozinha em frente ao banco do avião. Eu estava ansiosa para saber como seria a nossa vida nova. Meu segundo marido já havia viajado meses antes à nossa frente, a fim de organizar nossa chegada. Ao desembarcarmos, já sentindo o clima gelado da Europa batendo no rosto, uma sensação de gratidão imediatamente invadiu meu coração. Eu estava pisando na terra dos meus ancestrais. Era novembro, pleno inverno, as blusas de frio do Brasil não seriam suficientes. Chegamos no apartamento onde agora seria nossa re-

sidência durante o tempo em que ficaríamos na Itália. A prima do meu marido também nos acompanhava nessa viagem. Minha filha e eu amávamos tê-la conosco. A presença dela fazia com que eu me sentisse mais segura para enfrentar um país desconhecido.

Já acomodadas no apartamento, olhei para minha filha e disse:

— Filha, liga pro seu pai e conta pra ele que você andou de avião!

Ela sorriu, inocente e animada, pegou o telefone, eu a ajudei a discar o longo número de uma chamada internacional. Enquanto a ligação completava, eu só pensava:

"Obrigada, senhor advogado e senhor juiz, vocês estão me proporcionando o melhor momento da vida, exatamente este, que está acontecendo agora!"

Respirei fundo e senti o poder transbordando em mim. Estava radiante, aguardando-o atender a ligação. Fiquei olhando, disfarçando minha empolgação.

De repente, ele atende e ela começou a falar:

— Papi! Papi! Quero contar uma coisa pra você: hoje eu andei de avião!

Pude ouvir ele do outro lado:

— Como assim, andou de avião?

— É, papi, eu andei de avião. Foi muito legal! Tinha até uma televisão pequena pra assistir desenho.

Então ouvi ele gritar:

— O quê? Tinha televisão no avião? Onde você tá filha?

— Eu não sei o nome dessa cidade! Espera aí, vou perguntar pra minha mãe...

— Mãe, como é o nome dessa cidade? — pergunta ela.

Eu respondi, com calma e regozijo:

— Diga pro seu pai que aqui é Veneza, na Itália.

— É Veneza, papi. Veneza, na Itália.

— Passa o telefone pra sua mãe, filha! Eu quero falar com ela.

Peguei o telefone, como se fosse a maior das criaturas da face da Terra, tamanho o sabor da vingança correndo em minhas veias.

— Alô... — falei, com todo charme que eu podia.

— Clarice, sua FDP! Como assim vocês estão na Itália? Como você levou minha filha sem a minha autorização?

Eu respirei fundo e soltei bem devagar, com muita calma e segurança:

— Isso é pra você entender e aprender que a gente não negocia. A gente não negocia, entendeu? Com você, eu não negocio nunca mais.

— Sua...

Antes que ele pudesse emitir qualquer outro xingamento, desliguei a ligação e apreciei a bela paisagem daquele lindo cenário italiano, através da sacada do apartamento. Minha filha estava sorrindo e feliz. Respirei o início de uma nova vida. Toquei a mãozinha da minha menina e sorri para ela. Continuamos apreciando a vista e pensei.

"A gente nunca mais negocia! Seu FDP!"

No novo apartamento, cuidadosamente organizado nos mínimos detalhes pelo meu marido, com todas as necessidades e bem instaladas, estávamos prontas para iniciar os nossos processos de cidadania italiana.

— Mãe, quanto tempo vamos ficar aqui?

— Não sei, filha, até a nossa cidadania ficar pronta.

— O tio também tem essa cidadania aí?

— Tem sim, filha. Essa cidadania garante a nossa liberdade de morar nessa cidade e em muitas outras que quisermos.

— *O que você quer dizer? Nós não somos livres?*

— *Sim, nós somos. Mas vamos ser mais ainda depois dessa cidadania. Não se preocupe em entender filha, isso é coisa de adulto. O importante é você saber que eu tô muito empenhada em cuidar muito bem da gente, daqui pra frente, ok?*

— *Ok, mãe!*

Ela respondeu com uma carinha lindinha depositando toda sua confiança em mim e eu me senti feliz de todas as formas possíveis. Enchi o peito e soltei o ar devagar, sentindo o prazer de esvaziar o pulmão, como se tirasse de mim a dependência emocional e as dores que carreguei por mais de uma década.

Os meses seguintes, até a cidadania ficar pronta, foram meses bem difíceis. O dinheiro acabou, não podia trabalhar sem documento, além da discriminação que sofríamos por sermos estrangeiras. Conhecemos outros brasileiros na mesma situação, com o mesmo sonho: tirar o passaporte, mudar para a Inglaterra e tentar uma vida nova.

Ao mesmo tempo, tivemos a oportunidade de conhecer todos os labirintos da linda Veneza, como nunca teríamos conhecido se não tivéssemos morado por lá. Estar em Veneza com a minha filha e a prima do meu marido, longe de todos os problemas que eu tinha no Brasil, foi sensação de alívio que eu não conhecia antes. Uma vida em paz, sem violência, uma vida nova, sem abusos, nem físicos nem psicológicos.

Meu marido mandava dinheiro todo mês, para pagar o aluguel do apartamento da Itália, mais o mercado. Os reais que eu trouxe comigo do Brasil estavam contados para aguentar as despesas por no máximo quatro meses. Porém, a cidadania só ficou pronta depois de um ano. Foi tenso, difícil e por vezes deu vontade de desistir. O pior dia da Itália foi quando, em uma noite, minha filha olhou pra mim e falou:

— Mãe, tô com fome.

Eu olhei para ela e disse:

— Dorme, filha. Dorme, que a fome passa.

Os pães eram contados. Eu não tinha coragem de exigir ou pedir mais dinheiro ao meu marido, além do que ele já ajudava.

Me levantei cedo no outro dia. Decidida, fui até uma praça onde ficavam vários brasileiros e pergun-

tei se eles não queriam cortar o cabelo, que eu cobraria só cinco euros, pois precisava comprar comida. Fiz novos amigos, passei a cortar cabelos dos brasileiros e, até hoje, eles são meus amigos em Londres. Sempre que nos encontramos, damos boas risadas lembrando dos desafios daquela época.

Depois daquele longo ano morando na Itália, finalmente chegou o momento de nos mudarmos para Londres. Sentia que, agora sim, meu casamento iria realmente começar. Apesar de estarmos há mais de um ano casados, até então não tínhamos começado nossa vida para valer, morando juntos e vivendo todos os desafios do dia a dia. Não sei porquê, não sei se era por causa dos meus traumas do passado, mas eu tinha uma leve sensação de que algo não daria certo...
Era fim de tarde, estávamos todos na sala: eu, meu marido, minha filha, a prima dele, que também decidiu vir morar conosco em Londres, e meu irmão, que já morava conosco havia cerca de dois anos.
"Como é bom estar em família. Isso ajuda a não nos sentirmos tão solitários do outro lado do mundo,

no inverno londrino." Penso eu, exausta, pois a prima e eu tínhamos arrumado um bico para ajudar no orçamento da casa. Entregávamos panfletos para uma pizzaria o dia todo e as mãos trincavam no frio.

Balancei a cabeça, sentindo minha própria indignação.

"Brasileiros, quando chegam aqui sem falar inglês e sem dinheiro, têm poucos trabalhos disponíveis. Sobram somente os cargos de limpeza, cozinha, lavar pratos e assim por diante."

Eu ganhava trinta libras por semana para entregar os panfletos.

"Onde já se viu isso?"

Percebo que esse é mais um padrão de abuso na minha vida que precisa ser mudado.

"Será que esse é um padrão do meu sistema familiar? Por que será que eu atraio situações de abuso? Afinal, ganhar 30 libras por dia, é uma forma de abuso!"

— Por que você permite isso, Clarice?! — Bufo, brava comigo mesma.

Decidi, a partir daquele momento, que iria me libertar de todo e qualquer tipo de abuso na minha *vida*. Em um gesto simbólico de promessa, coloquei a mão sobre o meu peito e disse:

— Eu prometo a você, Clarice, que a partir de hoje não vou mais vai permitir abuso de espécie alguma. Chega! Vida nova! De verdade!

Segui caminhando com leveza pela casa, como se fosse o despertar de alguma esperança, e prometi mais uma vez, para me certificar:

— Abuso, comigo não! Não mais.

Depois de me libertar do abuso dos panfletos, que era um serviço oferecido e pago por outros estrangeiros, decidi trabalhar por conta própria como cabeleireira. Comprei um lavatório portátil e comecei atender algumas amigas brasileiras na minha casa.

Minha filha já estava frequentando a escola o dia todo. No início, ela chorava muito por não compreender direito o inglês, ficava perdida na sala de aula, sem contar a saudade da avó e das tias.

— Vamos embora, vamos voltar pra nossa casa no Brasil!

— Não dá, filha. Tenha paciência, por favor. Daqui a pouco tudo vai melhorar, você vai ver!

Me cortava o coração vê-la triste. Foi um período muito difícil para todos nós, assim como acredito que é para todos que tentam a vida fora do seu país de origem. Meu marido trabalhava o dia todo de moto em uma gráfica, até tarde da noite, como entregador de pizzas.

"Enquanto um não trabalhava nunca, esse trabalhava demais. Poxa vida, Deus! Não dá para ter um equilíbrio, não?"

Estava muito frio lá fora. Escurecia todos os dias ainda bem cedo. Era impossível controlar a tristeza do coração de uma latina acostumada com o sol brilhando. Meu marido, me tirando dos pensamentos, me chama:

— Clarice, meu amor, faz um sanduíche para mim?

Olhei para ele, com uma cara de indignação:

— Mas é só pôr o que você quer no pão. Deixei tudo pronto já em cima da mesa.

— Ah! Mas quero que você faça pra mim, meu amorzinho. Faz lá, pro seu maridinho que você tanto ama, faz!

"Ai, meu Deus! No começo, achei que era brincadeira essas manhas dele, mas isso está ficando frequente. Não sei lidar com essa 'melação' toda."

Sorri amarelo, me levantei, mesmo contrariada, e fui fazer o sanduíche. Segui até a mesa e me senti um tanto decepcionada. Peguei um prato, que estava fácil sobre a mesa e coloquei um pão sobre ele. Cortei e coloquei duas fatias de presunto e uma de queijo. Levei para ele no sofá e falei com uma voz irônica.

— Toma, meu amorzinho o seu lanchinho com presuntinho e queijinho!

Ele faz cara de criança, parecendo um filho meu.

— Obrigado, meu amorzinho!

"Eu me conheço, já sei que não vou dar conta disso". Pensei, prontamente, e continuei nos meus pensamentos...

"Um era machão demais, agora o outro é um bebezão?! Pelo amor de Deus! Não acredito, virei mãe de um homem de quase dois metros de altura. Me poupe!"

Fiquei observando o comportamento dele.

"É isso, ele age como se fosse um menino. Minhas fichas começam a cair e percebo que o ele quer é uma mãe, não uma esposa. E agora?"

Suspirei, tentei distrair meus pensamentos olhando para a TV, depois olhei para minha filha, observei nossa casa, os quadros na parede, o lado de fora da janela. Senti um vazio tão grande, um desespero, uma vontade de chorar...

"Que saudade! Saudade de quê? Refleti e cheguei à conclusão de que eu estava com saudade daquilo que nunca tive!"

Fiquei olhando para fora, tentando encontrar algo que me trouxesse mais explicação para essa angústia. Meu marido me chamou para a realidade mais uma vez, tocando meu ombro. Cutucando na verdade, igual um moleque levado:

— Quero mais, quero mais um!

— O quê?

— Quero mais um sanduiche, amor!

"Não acredito. É só se levantar e pegar!"

Peguei o prato da mão dele e me levantei. Acho que não consegui disfarçar minha cara de decepção.

"Me casei com um homem que quer ser meu filho, meu Deus. E agora?" Preparei outro pão e tentei ressignificar essa descoberta. Falei baixinho:

— Logo eu, que queria ser cuidada pelo menos uma vez na vida...

"Ok, meu Deus, pelo menos esse nunca me bateu, me trata bem, assim como à minha filha, mas... ao mesmo tempo... não posso admitir, mais uma vez, receber migalhas!... Calma Clarice! Tenha mais paciência até ver como resolver tudo isso..."

PROJETOS COM SEGUNDAS INTENÇÕES

Há uma excelente citação de Bert Hellinger que diz: "quando iniciamos um projeto com segundas intenções, já perdemos antes mesmo de começar". Eu iniciei esse projeto chamado casamento com a intenção de "ser cuidada, amparada e receber tudo o que sonhei e não recebi antes". Toda vez que iniciamos um projeto com segundas intenções, não deixando claro para o outro ou para nós mesmos o que está em primeiro lugar (a raiz das nossas intenções), faremos algo de maneira velada. Não se trata nem de enganação, mas da intenção mascarada, que leva a pessoa a agir de maneira obscura.

Veja: se eu queria um casamento em que esperava ser cuidada e tratada como nunca fui, por que eu não deixei isso claro para o meu atual marido? Por que eu não estava me comunicando melhor?

Eu mudei de país, de passaporte, de emprego, de amigos, de casa, de idioma... Fiz o mesmo com minha filha, a arrancando do mundo que ela conhecia. Minha vinda para Londres e esse segundo casamento tinham também um outro projeto velado, que era o meu desejo de vingança em relação ao primeiro marido.

Não há nada de errado em mudar de país ou se casar de novo, mas eu fiz tudo isso enganando a mim mesma. E se eu enganei a mim mesma, sendo a pessoa mais interessada, é claro que eu também acabei enganando todas as pessoas em torno. Não foi algo proposital, e sim, inconsciente. Como quase tudo que ocorre de maneira inconsciente traz prejuízos, mais uma vez acabei sendo desleal comigo mesma e com os envolvidos.

Meu projeto não era totalmente claro na minha cabeça. Minhas intenções não eram as de simplesmente viver um amor, afinal, eu não era uma pessoa completa. Não tinha consciência, muito menos noção, de quem eu era de verdade e do que precisava.

Meu segundo casamento foi uma boa válvula de escape que acabou não dando certo. Não havia sentimentos ou intenções sinceras. Eu estava ali para tentar encontrar um "ganho". Mais uma vez, vou repetir a frase de Bert Hellinger: "quando iniciamos um projeto com segundas intenções, perdemos antes mesmo de começar". E ali estava eu, colhendo os prejuízos que atraí para mim mesma.

A questão não era apenas o comportamento infantil do meu segundo marido, era principalmente eu mesma, porque eu não estava pronta para assumir uma nova relação.

Quando você tomar a decisão de iniciar um projeto em sua vida, seja ele um relacionamento, um casamento, a adoção de uma criança, um novo emprego, um empreendimento etc., pense bem nos reais motivos que estão te levando a caminhar nessa direção. Esse projeto novo é de fato o que faz sentido para você mesma? Ou será para impressionar alguém? Esse sonho é seu ou de terceiros? Reflita profundamente e descubra se há segundas intenções. Se, após profunda análise, não houver, prossiga em paz, você está no caminho certo. Porém, se perceber que está com intenções veladas, repense um pouco mais.

Quer um exemplo? Imagine uma mulher madura, bem resolvida, se apaixonando por um homem bem-sucedido, centrado emocionalmente. Ela também tem independência financeira e emocional, é muito bem resolvida na vida e se sente bem e feliz em estar sozinha. Você concorda que essa mulher e esse homem, ambos têm condições ou maiores probabilidades de iniciarem um relacionamento sem segundas intenções? Isso significa que eles não projetam no outro suas carências mal resolvidas, traumas da infância, busca por cuidados ou estabilidade financeira. Dessa forma, o relacionamento tem mais chances de acontecer e ser bem-sucedido.

Se, do outro lado, este novo parceiro ou parceira olha para o outro com intenção de resolver suas carências ou receber aquilo que sentiu falta nas relações com seu pai, sua mãe ou na vida, pronto! A chance desse casal ter segundas intenções é grande. Mesmo que de forma inconsciente, farão com que o relacionamento em algum momento quebre, pois ninguém tem condições de suprir as necessidades e carências faltantes no outro. A vida a dois, e todas as demais experiências, devem sempre ter a intenção de soma. Nunca inicie qualquer projeto com saldo negativo. Quando o seu saldo se encontra positivo, a tendência de encontrar alguém também com o saldo positivo se intensifica.

Antes de iniciar qualquer projeto em sua vida, esteja inteiro ou inteira. Sem segundas intenções!

Os anos se passaram. Tentei me acostumar com o jeito manhoso e carente do meu marido, mas confesso que não foi fácil para mim. Descobri aos poucos que ele mentia, como uma criança que esconde pequenas coisas da mãe, com medo de levar bronca. A situação foi ficando cada vez mais séria. Já estávamos casados há quase três anos. Eu conseguia ganhar meu próprio dinheiro atendendo minhas clientes como cabeleireira e depiladora, já arriscava algumas palavras no inglês quando precisava resolver algo na rua.

O casamento estava cada vez mais frio, por minha parte, e eu começava a perceber que não existia possibilidade de continuar essa relação. Estava quase no fim de mais um dia de trabalho. Já tinha atendido várias clientes quando uma delas, antes de ir embora, me pediu um livro emprestado.

— Clarice, vi que você tem o livro Violetas na Janela. Já ouvi falar tanto desse livro. Será que você poderia me emprestar?

— Claro que sim. É um prazer pra mim quando alguém se interessa por esses assuntos!

Fui até a estante de livros, puxei o livro entre vários outros que se encontravam na prateleira quando, de repente, vi um aparelho gravador, que estava gravando todas as minhas conversas. Na hora, disfarcei para a cliente não perceber meu desconforto, mas perdi o chão. Senti um frio na barriga, tamanha a decepção.

Meu marido chegou do trabalho e me encontrou furiosa. Apontei o gravador que se encontrava na minha mão para ele:

— O que significa isso? Você colocou um gravador pra ouvir minhas conversas?

Ele respondeu, gaguejando, tentando justificar, mas não negou:

— Você tá distante, diferente. Eu fico inseguro... Queria saber o que você conversa, se falava alguma coisa de mim.

— Eu tô distante por conta da sua insegurança, das suas mentiras e da sua carência infantil. Você não me trata como mulher, me trata como se eu fosse uma mãe. Minha filha tem treze anos e não 33.

Discutimos por horas. Ali foi o começo do fim.

"De novo não! Mais um homem desconfiado? Mais uma vez, vou permitir ser abusada em uma relação?"

Limpei meu rosto e falei comigo:

— Jurei pra mim mesma que abuso, comigo nunca mais!

Senti um enjoo, acredito que de nervoso. Corri para o banheiro, passando mal, e vomitei.

Dias mais tarde, ao telefone com a minha mãe:

— Mãe, eu me sinto muito sozinha. Sinto tanta saudade de vocês.

— Pois é, filha. Agora a história é diferente. Da primeira vez que você me falou isso, fui morar com vocês. Mas Londres não é ali, igual Joinville era. Agora você está do outro lado do mundo.

— Mas Mãe, já pensou se vocês viessem morar aqui em Londres? Seria tão bom pras meninas estudar aqui, fazer faculdade. Ainda mais agora que todos da família temos a cidadania italiana. Você teria coragem de mudar de país, mãe?

Silêncio alguns segundos. Minha respiração acelerou aguardando uma resposta.

"Será que ela viria? Seria um sonho!"

— Até que não seria uma má ideia... Metade da família já tá aí mesmo, né? Sinto falta de vocês, do seu irmão e principalmente da minha neta.

— Então, mãe! Pense nisso!

— Como? Sua irmã tá namorando, apaixonada, fazendo faculdade. Ela nunca iria.

— Eu entendo, mãe. Quem sabe depois do que eu tenho pra te contar, você pense no assunto com mais carinho... Tenho uma novidade!

— Tô curiosa, fala logo o que é filha! Não me diga que vocês estão vindo passear aqui no Brasil? Tô que não me aguento de saudades.

— Não, mãe, não é isso. A novidade é que você vai ter mais um netinho. Tô grávida!

Minha mãe gritou de alegria, chorou, gritou de novo, riu, derrubou o telefone, tudo ao mesmo tempo.

Aquele vômito no dia do assunto "gravador" definitivamente não era de nervoso.

Passados sete meses e com a gravidez correndo bem, voltei minha atenção total, única e exclusivamente para o momento "maternar". Continuava atendendo normalmente minhas clientes, agora com a ajuda especial da minha mãe, que, meses após aquele telefonema, estava em Londres com minha irmã mais nova.

— Mãe! Que bom ter vocês aqui comigo! Que bom que veio.

— As histórias se repetem, não é mesmo, filha?

Passo a mão na minha barriga, já com sete meses de gravidez.

— Pois é, mãe, parece que repete mesmo! Quem diria, mais uma vez você morando comigo e aguardando a chegada de mais um netinho? Confesso que eu amo ter vocês por perto.

Minha mãe continuou falando, enquanto eu esperava a próxima cliente chegar.

— Acho que sua irmã também tá se acostumando a morar aqui. Ela até me contou que conheceu um irlandês no trabalho dela e que ele tá apaixonadinho por ela.

— Já pensou, mãe, sua filha se casando com um gringo?

Rimos.

— *Pena que tua outra irmã não quis vir.*

— *Mãe, ela tá bem. Também tá apaixonada, terminando a faculdade no Brasil, tá feliz vivendo a vida dela, deixa ela! Os filhos são assim mesmo, crescem e cada um segue sua vida.*

"Parece que só eu que não consigo seguir a minha, sem a ajuda da minha mãe." Penso baixinho...

— *Sim, filha! Eu sei. Mas espero que um dia ela também venha morar aqui, assim terei todos os meus filhos por perto de novo.*

— *Pode ter certeza, logo ela resolve se casar e, quem sabe, decide vir! Você não sabe que nossa família sempre foi assim, aonde um vai os outros vão atrás?*

Rimos prolongadamente e minha mãe concluiu:

— *Somos uma família unida. Que bom que nos amamos dessa forma.* — *continuou: E fico feliz também, por agora você ter um marido bom, filha.*

— *Por que você diz isso, mãe?*

— *Que marido iria aceitar tanta gente da sua família na casa dele, sem reclamar?*

— *Mãe, por favor! Não seja injusta, meu primeiro marido também sempre aceitou vocês.*

— Isso é verdade. Mas as agressões que você sofreu na mão dele, parece que me fizeram esquecer as coisas boas sobre ele. Vai levar um tempo pra passar. Mas vai passar! Não sei guardar raiva ou mágoa de ninguém.

Balancei a cabeça e concordei em silêncio.

"É isso. O tempo! Nada melhor que o tempo."

— Você é corajosa, filha. Conheceu várias brasileiras aqui, aproveitou a oportunidade e, mesmo com a pouca experiência que tinha como cabelereira, se arriscou. Fico orgulhosa de você!

— Arrisquei. Graças a Deus, deu certo, né, mãe? A vida é assim, não podemos ter medo de viver. Se eu tivesse continuado com os meus medos e carências, tava até hoje apanhando naquele casamento abusivo.

— Sinto muito por não ter feito nada por você, filha. Há muito tempo isso tá engasgado em mim pra te falar.

— Não sinta, mãe! Você fez como deu conta de fazer Até mesmo porque era difícil pra vocês acreditarem o que eu vivia. Fora de casa ele era perfeito e simpático demais com todos. Não julgo ninguém!

— Verdade, filha! Eu me orgulho de você, mas quero que saiba que eu sinto muito mesmo, e que te amo!

— Também te amo, mãe. Tá tudo bem agora.

Os anos foram passando. Eu continuava trabalhando como cabeleireira, em um espaço na minha casa. Minha segunda filha já estava com quase dois anos e meu pequeno negócio ia muito bem. Consegui salvar boas economias com o dinheiro que eu fazia com essa profissão.

Minha mãe continuava me ajudando. Minha irmã trabalhava fora. Eu estava correndo com mala e sacolas pela casa:

— Tá tudo pronto, filha?

— Sim, mãe, nós já vamos.

Minha mãe deu um beijinho na testa da minha filha e disse:

— Você vai ficar boa, meu anjo!

"Será, meu Deus, me ajude! O que essa menina tem?" Pensei, com ar de preocupação.

Após consultar vários médicos aqui na Inglaterra, decidi ir para o Brasil avaliar o estado de saúde da *minha pequena com médicos especialistas que falassem o meu idioma e que poderiam também me dar um suporte emocional e quem sabe um diagnóstico, já que aqui, nada descobriam!*

— Você também agendou médico pra você, né, filha? Você também precisa se cuidar. Aproveita que estará no Brasil e vai ao médico.

— Sim, mãe. Fique tranquila, eu tenho consciência que tô precisando me cuidar.

— Vamos, minha pequena? O táxi chegou!

"Sigo para o aeroporto confiante que estou no caminho da cura!"

AS MEMÓRIAS INTRAUTERINAS

Minha gravidez aconteceu no mesmo momento que, internamente, eu já estava decidida a me divorciar. Como adultos, somos capazes de lembrar daquilo que sentimos quando éramos apenas uma criança. Embora essas memórias não sejam conscientes, elas existem latentes no inconsciente.

Segundo o pai da Psicanálise, Sigmund Freud, o ser humano é influenciado por toda a sua experiência infantil, especialmente dos zero aos sete anos. Já sua seguidora, Melanie Klein, afirma que todo ser humano é influenciado por memórias e sensações que ocorrem desde o momento de sua concepção.

Além dessa área do conhecimento que afirma que todos nós somos influenciados pelas memórias e sensações desde o momento que passamos a existir na barriga de nossa mãe, a Constelação também traz essa percepção delicada sobre a vida.

Tudo isso vem demonstrar o quanto a qualidade do tempo de gestação de uma mulher é importante para a saúde física e emocional de seus filhos. Se uma mulher grávida estiver passando por problemas emocionais, como eu passei com decepções e tristezas, tudo isso pode ser transferido para a criança, de alguma forma.

Isso quer dizer que quando o bebê nascer ele vai sinalizar que está carregando algum desconforto?

Mais do que isso. Além de carregar esse desconforto, o bebê poder chorar muito, o que é algo razoavelmente fácil de resolver com a presença da mãe ou de algum acolhimento. Porém, pode acontecer de, em algum momento de sua vida infantil, manifestar problemas de saúde ou comportamentos difíceis.

Não devemos temer que qualquer dificuldade que mulher passe durante a gravidez fatalmente passe para seu filho como um trauma para o resto da vida. Porém, muitas coisas podem influenciar, sim, a vida da criança até sua fase adulta, até que possa tomar consciência dos fatos, através, por exemplo, de processos terapêuticos, psicanalíticos, constelações familiares, ou tantas outras terapias que olhem para a vida desse adulto desde sua fase uterina.

No caso da minha filha caçula, ela foi gerada no momento em que eu estava decidida a me separar. Devido à gravidez, voltei atrás, negando toda a minha vontade consciente de ir embora. Ela sentiu, de alguma maneira, que fui contra tudo que eu desejava por causa dela. O resultado? Ela nasceu com um peso muito abaixo da média e com problemas de saúde que demoramos muito para descobrir a causa. Na minha opinião, e na de vários linhas terapêuticas, as doenças, sejam quais forem, sempre têm um fundo emocional, fato muitas vezes comprovado cientificamente. Esse é um tema muito profundo de se assistir numa sessão de Constelação Familiar, pois o paciente começa a tratar um sintoma e a Constelação revela a causa, que sempre está ligada a alguma emoção envolvendo sentimentos de lealdade e amor profundo pelo nosso sistema familiar e que, na maioria das vezes, se manifesta no físico.

Londrina, 2010

Já fazia algumas semanas que eu estava no Brasil. Já tinha recebido o diagnóstico de que minha filha tinha doença celíaca, uma condição autoimune de intolerância grave a glúten, além de intolerância à lactose.

"Como não descobriram isso na Inglaterra?"

Balancei a cabeça e falei indignada com meus botões, enquanto caminhava em uma praça da minha cidade natal. Observava tudo a minha volta, aquele lugar onde havia tantas memórias da infância ali registrados.

"É, não sei se sinto saudades. É um misto de uma Clarice que nasceu e morou aqui e uma outra que parece agora pertencer a um outro mundo. Uma Clarice que agora mora na terra da rainha, mas que mantém as mesmas inquietações e indagações: quem sou eu, quem sou eu?"

Percebo que alguém passa do meu lado e para, desviando assim, os meus pensamentos:

— Clariceeee! Quanto tempo! Como você tá?

Olhei, surpresa, e sem muita vontade de interagir na mesma intensidade em que fui abordada, e respondi:

— Olá, tô bem. E você?

— Bem. Como tá a vida em Londres?

— Tá ok! Obrigada.

"Está é bem difícil, mas como eu diria isso?"

O bate papo continuou, mas eu mal prestava atenção, absorta numa angústia que não compreendia bem ao certo de onde vinha, porque aquele sentimento de vazio não cessava nunca dentro de mim.

"Eu nunca mais fui agredida, ganho meu próprio dinheiro, tenho minha família comigo, moro na Europa, porque não me sinto feliz?"

Quanto mais eu pensava, pior eu ficava. O sentimento de culpa me cobrava por eu estar sendo tão ingrata.

Suspirei, e tentei prestar atenção à pessoa que falava comigo, mas meus pensamentos estavam longe.

Londres, 2010.

Minha filha e eu voltamos para casa depois de uns trinta dias no Brasil. A viagem foi boa, deu para matar a saudade do meu país e, principalmente, ter o diagnóstico sobre a saúde da minha filha. Agora era começar o tratamento. Estava feliz de estar de volta ao meu novo país, minha nova pátria, a Inglaterra!

Os dias se passavam, minha filha se recuperava bem, e recebia todos os cuidados necessários, devido a sua restrição alimentar.

Um novo dia começou. Eu estava na cama, sentia uma preguiça de me levantar, estava muito frio. Me espreguicei e senti algo estranho no meu rosto.

— Que estranho, acho que dormi muito. Sinto até a cara inchada!

Comecei a tocar minha face e percebi de fato algo estranho. Ainda estava meio que dormente e não identifiquei o que poderia ser.

Sentei-me rapidamente na cama, tocando minhas bochechas com as duas mãos.

Acendi a luz do abajur, ao lado da cama, me levantei preocupada, fui até o espelho e me observei.

Levei um susto!!!

Fiz alguns movimentos e percebi que meu rosto estava torto.

— Como assim? Como isso é possível?

Fiquei nervosa e gritei:

— Mãe, mãe! Corre aqui!

Meu marido já havia saído para o trabalho.

Escutei de longe:

— O que foi, filha?

— Corre aqui mãe.

Continuei fazendo caras e bocas em frente ao espelho. Minha mãe entrou:

— O que foi?

Virei para ela, com as duas mãos no rosto e mexendo tudo o que podia:

— Mãe, meu rosto tá torto, ou é impressão minha?

Ela se aproximou, e olhando o espanto dela, imediatamente caí no choro.

— Meu Deus, filha! Tá torto sim.

— Mãe! Não acredito nisso! O que tá acontecendo comigo?

— Fica calma. Vou acordar sua irmã e pedir pra ela chamar uma ambulância para você.

Me sentei na cama e comecei a chorar compulsivamente.

Minha irmã entrou no quarto sonolenta, cambaleando, e mesmo assim tentando me acalmar:

— Calma, Cla! Tudo vai se resolver, já tô ligando pro hospital. A ambulância já vai chegar. Vou ficar junto com você.

Elas se abaixaram na minha frente, colocando as mãos nas minhas pernas e dizendo:

— Estamos com você, tudo na vida passa, calma! Isso também vai passar, se Deus quiser, não será nada grave.

Abracei minha mãe e continuei chorando feito criança desesperada quando ganha colo de mãe.

Já no Saint George Hospital, fui prontamente atendida. Recebi todos os devidos cuidados e exames de tomografia. O resultado foi um início de AVC. Não conseguia entender qual era a mensagem que o Universo queria me dar, por tantas coisas que aconteciam na minha vida...

Semanas mais tarde, depois da paralisia facial, percebo que começo a ter dificuldades para enxergar.

— Ahhh não!!! O que pode ser agora? Por que não tô enxergando direito?

"Deus! O que quer de mim? Por que eu estou passando por tudo isso? Será que as provações que já passei até aqui não foram o bastante?"

Minha filha interrompe minhas lamentações, quando entra correndo no quarto, brincando com uma boneca que carregava delicadamente em seus bracinhos.

— Mami, mami, olha a roupinha da minha boneca!

— Deixa eu ver, filha!

Ela entregou a boneca na minha mão e percebi que eu estava de fato vendo tudo embaçado.

— Que linda essa roupinha que você escolheu pra sua boneca, filha!

Dei um beijo nela e ela saiu correndo, toda feliz.

"Obrigada Deus, pela recuperação da minha pequena, pelo menos ela está bem agora."

Relato o problema da visão para minha mãe e imediatamente ela fala com minha irmã.

— Filha, você vai precisar retornar ao médico. Sua irmã já ligou lá no hospital e eles estão a sua espera. Ela tá vindo pra casa e vai novamente com você.

— Obrigada, mãe! Eu realmente preciso que ela vá comigo, não tô mesmo enxergando direito. Tenho medo de sair de casa sozinha. Dirigir, então, impossível!

— Nossa, tá tão ruim assim?

Faço sinal que sim com a cabeça.

Já no hospital, na presença do médico, escuto atentamente o diagnóstico:

Meu coração palpitava. Que bom que minha irmã estava comigo, me ajudando também com a tradução. Minha cabeça não conseguia raciocinar naquele momento tenso. Minha irmã e eu estávamos mudas, olhando para a cara do médico, aguardando alguma fala.

— Eu sinto muito, Clarice, mas você está com glaucoma nos dois olhos.

Dei um pulo na cadeira.

— Como se trata um glaucoma doutor? Há remédios para isso?

— Sim, há. Mas no seu caso, eu gostaria de imediatamente partir para cirurgia.

Meu corpo enrijeceu.

Minha irmã se manifestou, também com a voz assustada:

— Cirurgia? Nos dois olhos? É grave, doutor?

Ele sinalizou com o pescoço que sim:

— O ideal é fazer a cirurgia. O glaucoma, se não tratado rapidamente, pode causar a perda da visão.

Minha respiração estava visivelmente acelerada, estava sem fôlego:

— Perda da visão, doutor? Pelo amor de Deus! Mas como isso foi acontecer comigo?

Comecei a chorar. Me senti envergonhada. Havia uma tristeza dentro de mim que eu não compreendia. Sentia vontade de gritar, extravasar algo que nem sabia mais o que era, eu apenas conseguia chorar.

Minha irmã me abraçou:

— Calma, Cla, você não está sozinha.

— Nada na minha vida dá certo, minha irmã!

— Não diga isso, não é verdade.

Ela tocou minha cabeça, acariciando meu cabelo:

— Em casa nós conversamos melhor. Vamos ver os próximos passos para tratar de seus olhos.

Me recomponho e voltamos a conversar com o médico.

— Se assim tem que ser, vamos lá, Doutor! Confiamos no senhor!

Londres, 2012

Estava sozinha no meu quarto, olhando para o teto. Suspirei e estiquei meu braço para o alto. Fiquei olhando minha mão e virei ela de um lado para o outro.

"Que alegria, que voltei a enxergar bem!"

Enchi o peito de ar e soltei, vagarosamente, meditando. Cada movimento do meu rosto passou a ser uma grande lição para mim e motivo de completa gratidão. Rapidamente fiz uma retrospectiva dos últimos meses que se passaram: a enfermidade da minha filha, meu rosto torto, os meses de tratamento até voltar os movimentos faciais, o glaucoma nos dois olhos, as duas cirurgias seguidas nos olhos.

"O que será que o Senhor quis me dizer com tudo isso, hein Deus... que provavelmente eu não estava entendendo?"

Prestei atenção ao som da minha respiração e fechei os olhos por uns instantes. Fiz uma oração silenciosa.

"Obrigada Deus, por ter minha visão de volta e pelos movimentos do meu rosto que funcionam perfeitamente. Mas... me diga Deus, o que eu ainda preciso para me sentir feliz? Me mostra o caminho, por favor!"

Abri os olhos. Na melancolia e monotonia do inverno londrino, voltei a esticar meu braço para cima e fiquei olhando para o alto em busca de respostas... Na verdade, eu admirava minha própria vontade de querer entender o que mais a vida queria me ensinar.

Sussurrei:

— Tô pronta pra aprender, Deus! Prometo ser menos rebelde e tentar aprender mais rápido através dos caminhos do amor. Já entendi que o caminho da dor é mais difícil. Obrigada por estar comigo e nunca desistir de mim!

CAPÍTULO 6

RENASCIMENTO

"Toda pessoa que lamenta, não quer agir. Todo consolo para alguém que se lamenta apoia a sua não-ação."

Bert Hellinger

— Eu sinto muito pelas enfermidades que você passou, Clarice. — falou Laurinda, tocando meu ombro e demonstrando compaixão.

Me remexi, já com dor no corpo por ficar tanto tempo sentada. Ela percebeu meu incômodo.

— Vamos caminhar? Aonde podemos ir agora?

Dei um largo sorriso e me levantei, como um bom soldado:

— Oxford Street!

— Oxford Street? Que chique!

— São mais de trezentas lojas. A rua comercial mais movimentada de toda a Europa, em cerca de dois quilômetros e meio de extensão.

— Haja vontade de fazer compras, né?

Seguimos rindo, caminhando e alongando os braços. O tempo estava bom, nem quente e nem frio. E não choveu mais.

— Laurinda, podemos ver algumas lojas. Depois, eu gostaria de ligar pras minhas filhas virem nos encontrar. Minha filha mais nova adora andar na Oxford Street.

— Sério? Adoraria ter a honra de conhecer suas filhas, Clarice!

Enquanto caminhamos, ela ainda quis saber mais sobre minha história:

— Mas, Clarice... E depois que você recuperou sua visão, finalmente os problemas acabaram e a vida fluiu, né? Ficou tudo bem, depois?

— Ah, aconteceram tantas coisas depois do glaucoma...

— Estás brincando? Sua história ainda não acabou?

— Acredito fielmente que as histórias não acabam nem depois da nossa morte, Laurinda!

Ela sorri.

— Desculpe, Laurinda, acho que já falei demais, não é mesmo? Não preciso e nem quero te chatear contando minha vida inteira pra você em um único dia.

Ela apertou minha mão com determinação, me olhou firme no profundo dos meus olhos e disse:

— Mas eu quero saber! Só estou é espantada por alguém ter vivido tantas coisas em uma só vida.

Rimos em um coro de concordância e continuamos a caminhar.

"Verdade, eu podia dizer que minha vida valeu por umas três. Quanto aprendizado..."

Balanço a cabeça:

— É... É difícil acreditar mesmo. Uma só vida e tantas lições.

— Pare para pensar, Clarice! Você passou por excesso de autoridade na infância e juventude, abuso sexual na adolescência, traição na juventude, violência doméstica na vida adulta, expatriação como fuga ou esperanças de uma vida nova, dois casamentos falidos, problema de saúde da sua filha menor, paralisia facial, glaucoma... Meu Deus! O que mais é possível?

"Essa era uma pergunta que eu tinha até medo de me atrever a fazer. Com o tempo, compreendi que sempre haverá espaço para piorar quando nos concentramos no medo, nas crenças e nos pensamentos negativos. Quando reclamamos e questionamos ao Criador e perguntamos: 'O que mais falta acontecer?' Acredite! Ele responde! E, da mesma forma que sempre haverá espaço para melhorar, até o que já está muito bom, também haverá espaço para acontecer algo ainda mais desafiador, até que aprendamos as lições impostas e modifiquemos nosso modo operante de ser. Quando centralizamos nossa energia para fazer e ser melhor, assim acontece. Fazer a pergunta certa ao Universo e acreditar que sempre haverá espaços para melhorar. 'Universo/Criador/Deus', tudo já está maravilhoso, gratidão!... Mas, como isso tudo pode melhorar ainda mais? Essa é a pergunta certa a se fazer."

— Vamos lá, Laurinda. Você quer mesmo saber o "final" dessa história?

— Por favor! Não vou conseguir me despedir de você sem saber o que aconteceu até você chegar aqui.

Respirei profundamente e fechei os olhos por um instante, antes de voltar à minha história de vida.

Continuamos caminhando.

LONDRES, 2014.

Era sábado à noite. Chegando em casa, voltando de uma reunião da Seicho-No-Ie — eu adorava participar dessas reuniões, meu marido me acompanhava algumas vezes — tirei o casaco, o pendurei na cadeira e me sentei confortável no sofá. Ele se sentou também, de frente para mim.

Durante todo o caminho de volta para casa, ele estava estranho, de cara fechada.

— O que foi, tá tudo bem? Você não gostou da reunião de hoje?

— Como poderia estar tudo bem? Fui falar com um dos missionários sobre nós, sobre nosso casamento, e sabe o que ele me disse?

— Eu não acredito que você foi se lamentar com os missionários! Você sabe que ir a essas reuniões é o momento mais feliz da minha semana. Por favor, não estrague isso com suas lamentações e carências. Não aguento mais isso!

— Você chama isso de lamentações e reclamações?

— Sim! Lamentações, carências. O objetivo de frequentar essas reuniões é pra aprendermos a ser melhores.

"A Seicho-No-Ie foi a melhor coisa que me aconteceu desde que cheguei em Londres, foi a minha salvação. Aprendi a importância da força da gratidão e do perdão, a honra para com nossos ancestrais e principalmente a treinar o olhar somente para o lado bom de tudo em todos."

Comecei a aprender que nossa religião deve ser o amor, compreendi melhor ainda a teoria sobre o carma, aprendi que coisas negativas podem ser transformadas em dharma, ou seja: ações positivas para ressignificar o negativo do passado. Depois que entendi tudo isso, as coisas ficaram muito mais leves e fáceis para mim. A Seicho-No-Ie foi um alimento para a alma nas fases desafiadoras da minha vida. Quanto aprendizado tenho hoje, por ter tido acesso aos ensinamentos do Mestre Masaharu Taniguchi.

— Sinceramente, Clarice, eu não entendo por que você me deixa sozinho várias vezes para ir nessas reuniões! Fui me aconselhar, sim, com o missionário. Disse a ele que você vive nessas reuniões, mas que aqui em casa nada muda... E quer saber o que ele me respondeu?

Respondi, já bufando, irritadíssima:

— Diga, o quê?

— Ele respondeu que, se eu quero ser feliz, eu tenho que fazer você feliz. E se eu realmente amo você, que eu devo te libertar. Que missionário aconselha alguém a se separar?

— Eu acho que você deveria refletir melhor sobre isso. Nosso casamento já não funciona há anos. Vivemos como dois amigos já faz tempo. O missionário tem razão, o amor liberta! E eu, por amar você, consigo perfeitamente entender o que o missionário quis dizer.

— Não acredito que você concorda com isso, Clarice!

Continuei:

— O missionário tem razão, essa é a resposta que eu buscava... Se eu quero ser feliz, tenho que fazer *você feliz, e nos libertarmos é o caminho... Preciso te libertar das expectativas que eu criei quando me casei com você. Preciso te libertar para que um dia nós dois possamos nos encontrar.*

Ele se levantou do sofá e andou de um lado para o outro:

— Sabe o que me ajudaria, o que me faria feliz? Uma esposa que cuidasse de mim. Eu trabalho feito um louco, sou um bom pai, respeito sua família, o que mais você quer?

— Ser amada como uma mulher. Ser amada!

— Mas eu te amo!

— Não! Você acha que me ama! A gente nem sabe o que é amor direito, estamos aprendendo ainda.

— Esquece que eu falei com o missionário! Deixa isso pra lá.

— Não é simples assim. A situação é séria e não podemos mais adiar esse assunto.

— São anos de mentiras. Você mente feito um moleque... Desculpinhas bobas, vitimização, carências! Eu consequentemente te trato mal e com indiferença. Não podemos mais viver assim. Reconheço

suas qualidades de homem bom e trabalhador, mas isso não me completa como mulher. Gostaria que você entendesse.

— Você preferia quando apanhava do seu ex?

"Não acredito que ele vai usar o pior argumento, a minha maior dor, para se proteger dos nossos problemas. Que imaturo, meu Deus!"

— Que absurdo você tocar nesse assunto! Você tá sendo ofensivo. Eu não vou admitir um abuso desse.

— Me desculpe, tô nervoso, falei sem querer.

— Quando eu apanhava, era abuso físico. Agora, não vou admitir esse abuso psicológico. Prometi pra mim mesma que abuso, comigo não! Nunca mais!

— Eu faço tudo certo. O que mais você quer, Clarice?

"É triste ele não perceber o quanto esse casamento é péssimo. Nem eu nem ele estávamos felizes. Nos faltava era coragem para o próximo passo!"

— Você acha que faz tudo certo. Mas quando você mente até sobre o valor do seu salário, isso também é abuso. Quando eu viajo pra cuidar da saúde da nossa filha e você vai pra festas achando que eu nunca vou saber, também é abuso. Quando eu fiz uma cirurgia e *estava internada, você foi pra boate com seu amigo, foi um absurdo de abuso. Você quer saber mais?*

— *Eu já pedi perdão por tudo isso.*

— *Pedir perdão e continuar igual, saiba que isso também é abuso. Eu realmente quero a separação, sinto muito por nós dois.*

Ele ficou com os olhos marejados:

— *O quê? Não, você não pode fazer isso comigo. Eu amo você, Clarice!*

— *Como ama? Tá vendo? Você só pensa em você! O que a gente tá vivendo não é amor há muito tempo. Aliás, nunca foi. Tanto eu quanto você nos casamos devido às nossas necessidades e carências. Não estamos sendo justos um com o outro.*

— *Eu me mato, se você for embora.*

Ele veio na minha direção, segurou firme na minha mão, me puxou para me sentar no sofá com ele. Olhou calmamente nos meus olhos e fez uma proposta:

— *Pensa. Nós temos uma filha, temos uma vida boa aqui em Londres, por que você vai largar, jogar fora tudo isso?*

— *Não podemos colocar esse peso nas costas da nossa filha. Ficarmos tentando igual vários casais fazem por aí, isso não é correto!*

— *Eu me mato se você me deixar, Clarice.*

— *Para de drama. Chega! Passou da hora de você crescer. Se mata nada, pense na sua filha e viva por ela! Esse sim é um bom motivo.*

Me levantei e segui para o meu quarto, aliviada por expressar algo que há seis anos eu queria ter falado e não fiz por conta da gravidez.

Falo comigo baixinho:

"Recomeço, Clarice! Sua vida é feita de recomeços."

Estava decidida! "Esse casamento de fato terminou. Precisava me libertar e libertá-lo." Esperava que um dia ele pudesse encontrar alguém que o fizesse feliz.

Meu marido, ou melhor, meu segundo ex-marido, passou dias insistindo para nossa volta, mas permaneci irredutível. Ele se mudou para o quarto menor.

Londres, outubro de 2014.

Mais uma vez separada, comecei a organizar as malas e o meu retorno para o Brasil. Respirei fundo, sentindo esperança em mais essa escolha.

"O caminho de volta para o recomeço!"

Estava no consultório médico do meu clínico geral, fazendo alguns exames de rotina antes do meu retorno ao Brasil, esperançosa por uma vida nova, confiante e seguindo com aquilo que ela me oferecia. Já esperava há alguns minutos, em frente ao médico, aguardando-o avaliar o resultado de alguns exames...

"Nossa que demora! Por que será?"

Ele olhou para mim, olhou novamente os papéis e finalmente se pronunciou:

— Clarice...

Ele suspirou.

"O que houve?" Pensei comigo. Mas, por algum motivo, fiquei muda e imóvel.

— Eu sinto muito, mas preciso te dizer. Você está com um problema de saúde.

— Um problema! Que problema, doutor?

Ele se mexeu na cadeira, respirou, como se estivesse criando coragem para me contar algo difícil de ser ouvido.

— O que eu tenho, doutor, pelo amor de Deus?

— Você tem um linfoma.

— Linfoma? O que é isso?

— É um câncer no sistema linfático. São pequenos caroços no lado direito de suas axilas.

Em apenas uma fração de segundo, meu mundo caiu bem à minha frente. Fiquei de boca aberta, olhos arregalados, garganta seca, sem conseguir me mover na cadeira.

— Seus exames mostram esse câncer claramente. Vou encaminhar você pra um colega oncologista.

Ele continuou sua explicação. Embora eu estivesse atordoada e não entendesse bem, suas palavras pareciam ecoar na minha cabeça, não conseguia acreditar no que eu estava ouvindo.

— Só pode ser um engano, doutor, me sinto tão bem. Só vim fazer este check-up porque tô indo embora pro Brasil e resolvi conferir como tá minha saúde.

Ele se calou um instante e retomou:

— Sugiro que você procure primeiro o oncologista, o mais rápido possível, e se trate antes de fazer essa viagem. Você tem plano de saúde no Brasil?

Balanço a cabeça, dizendo que não.

— Então. Acredito que sua saúde vem em primeiro lugar, você não acha?

— Mas eu não sinto nada, doutor, só vim fazer exame de rotina...

— Tanto melhor! Acabou descobrindo algo que, se não fosse pelos exames de rotina, talvez fosse descobrir quando já estivesse em um nível mais avançado.

— Não acredito nisso, doutor. Não é possível que seja um exame trocado?

Ele me olhou com compaixão e respondeu.

— Clarice, entendo o seu desespero. Mas fique calma, vamos dar todo o suporte possível. Vou encaminhar você pro setor de terapias, pra já marcar as quimios, ok?

"Não! Não está ok. Não está nada, ok!"

Insisti:

— Doutor, faz apenas um ano que eu me curei de uma paralisia facial e depois de um glaucoma. Isso não pode estar acontecendo comigo de novo doutor! Como pode?

— Sinto muito, mesmo! Você terá todo nosso apoio.

Eu não conseguia pensar, estava confusa, aflita, meu coração parecia ter parado, minha respiração ficou lenta.

"Será que estou morrendo?"

Fico quieta, olhando para o médico. Meu coração estava batendo diferente e minha respiração me incomodava. Ele prosseguiu:

— Vou encaminhar você pra um oncologista. Sugiro que agora vá pra casa e fale com seus familiares. Todo apoio é importante pra você nesse momento.

— Apoio? Faz um mês que pedi o divórcio, minha mãe está animada com o retorno ao Brasil, as passagens estão compradas, minha filha mais velha acaba de entrar pra Universidade. Apoio, onde vou encontrar apoio?

Não me contive e chorei. Pedi a Deus para me levar embora.

"Chega, Deus! Chega, não quero mais! Essa vida já deu!"

O médico me olhou novamente com um olhar de compaixão e me entregou o encaminhamento médico.

— Desculpe, meu desespero e desabafo Doutor. É que a vida tem sido muito dura comigo!

Me levantei, atordoada, sem nem saber a direção da porta por onde entrei.

— Por aqui, Clarice. Quer que eu chame alguém?

— Não doutor, vou ficar bem, obrigada.

Saí, sem saber para onde ir. Fiquei dando voltas pelo pátio do Saint George Hospital, ainda atordoada, lembrando das palavras do médico.

"Você tem um câncer no sistema linfático, Clarice!"

Soltei em voz alta, dolorida e revoltada:

— Nãaaaaaooooooooo! Nãaaaaaooooo é possíííííííível!

Cheguei em casa ainda atordoada. Percebi que minha mãe estava na cozinha, animada e cantando, minha pequena ainda estava na escolinha. Ela me abordou, de onde estava. Eu estava imóvel na sala.

— Como foi no médico, filha?

— Foi ok, mãe! Só tô com dor de cabeça. Deve ser por conta do frio que tá lá fora. Vou me deitar um pouco.

— Vai, filha, vai. Quando o almoço estiver pronto, chamo você.

Sussurrei:

— Câncer no sistema linfático.

Subi as escadarias, falando sozinha.

— Não tenho coragem de contar pra ela.

— O que você não tem coragem de contar, Clarice? — Meu marido, ou melhor ex-marido, me pergunta, sem que eu pudesse me dar conta de onde ele veio.

— Desculpa, tava falando sozinha. Não vi que você tava em casa.

Eu estava boquiaberta e com os movimentos lentos. Olhei para ele, que se assustou com a forma em que eu me encontrava. Segui para o meu quarto. Ele foi atrás e se sentou na cama, ao meu lado.

— O que foi, Clarice? Você tá pálida.

— Eu... eu...

"Como se conta para alguém que você acabou de descobrir que tem câncer?"

— Eu... eu não sei como falar.

— Clarice, você tá me assustando.

— Eu também tô assustada.

Ele chegou mais perto e me olhou firme.

— *O que aconteceu? Fala, por favor!*

Respirei fundo e, de uma vez, falei:

— *Tô com câncer!*

— *O quê?* — *Ele deu um pulo, ficou em pé, de boca aberta, olhando para mim e andando de um lado para o outro.*

Silêncio. Eu olhava para baixo. Ele se abaixou na minha frente e pegou minhas mãos.

— *É sério isso?*

Balancei o queixo para baixo, ainda olhando para o chão. Estava tão desnorteada. Sentia que a vida tinha acabado para mim.

— *Olha pra mim.*

Ele parecia tão seguro! Nem parecia o mesmo homem de quem eu há pouco tinha pedido o divórcio. Olhei para ele, que me olhou no fundo dos meus olhos:

— *Vamos tentar, Clarice!*

— *O quê? O que você tá falando?*

— *Vamos tentar, nosso casamento, nossa vida, nossa filha... Vamos tentar diferente dessa vez. Por nós, pela nossa pequena e pela sua saúde.*

— *Não confunda as coisas. Não consigo nem entender o que você tá falando...*

Ele se sentou melhor, chegando mais perto de mim e ainda segurando minhas mãos:

— *Cancela sua viagem pro Brasil. Deixa sua mãe ir sozinha. Vamos viver um pouco só eu, você e nossa filha. Nós nunca vivemos sozinhos, só nós três.*

"Isso é verdade, ele tem razão!"

E continuou:

— *Você cuida da sua saúde e juntos vamos fazer e viver uma vida nova, só nós três.*

"Será? Ele parece tão seguro. Será que ele vai ser mais presente, menos carente e mais verdadeiro, dessa vez?"

Eu, sem entender bem o porquê, o abracei e chorei muito. Fiquei assim por minutos. Suspirei, de olhos fechados.

"Me ajuda, meu Deus. Me deixa viver pelas minhas filhas..."

Minha filha mais velha já estava na faculdade e a mais nova estava com seis anos. Me parecia uma boa ideia essa nova tentativa. Eu soltei o abraço, me sentindo mais leve e olhei para ele:

— Você tem certeza? Você não precisa passar por isso comigo. Você pode continuar olhando um lugar pra se mudar e eu vou fazer o tratamento.

— Tenho certeza, sim! Também quero tentar ser e fazer diferente dessa vez.

— Não tenho certeza se isso vai dar certo. Saiba que nesse momento tô muito fragilizada, mas... sei lá... ok, vamos tentar!

Ele sorriu e eu me senti amparada.

"Prometi a mim mesma, dessa vez me entregar de verdade a essa relação, enquanto também cuido da minha saúde".

Seis meses se passaram. Nesse período, passei por seis processos de quimioterapia, perdi peso, cabelo, autoestima, e cheguei aos 44 quilos.

— Sempre me questionava... o porquê de eu estar passando por tudo isso...? — Mais uma vez questiono Deus, falando sozinha e olhando pela janela da sala. Toco minha cabeça e sinto o turbante que ainda estava usando para disfarçar a falta de cabelos. As pessoas que não sabiam sobre o câncer achavam que eu estava aderindo a um novo estilo de moda. Durante os seis meses de tratamento, tentei cumprir minha parte atenciosamente sobre nosso acordo de "uma nova chance ao casamento", sendo uma esposa mais dedicada e mais presente. Já meu marido, estava cada vez mais distante, me tratava com indiferença, quase não ficava em casa e eu enfrentava aquele período dificílimo praticamente sozinha. Acho que ele não conseguiu segurar a barra emocional que aquele momento requeria...

Peguei uma xícara de chá e decidi me distrair um pouco no computador para passar o tempo.

"Faz tempo que não vejo minhas redes sociais."

Abro o Facebook e percebo que automaticamente entrou no login do meu marido.

— Opa, o que é isso aqui?

Vejo uma conversa dele com uma mulher do Brasil. Balancei a cabeça para os lados, desnorteada. "O que é isso? Ele está flertando com uma outra mulher, enquanto eu estava fazendo quimioterapia?" Desci a barra de rolagem do computador, desacreditando de tudo que eu lia. Senti o coração parar, tinha que forçar a respiração, porque parei de respirar.

"Não estou acreditando, mais mentiras... Mas essa é muito grave! Eu doente! Voltamos porque ele me pediu, para salvarmos nosso casamento, não para eu ser traída! O que é isso, Deus do céu! Por que ele me propôs uma nova tentativa? Eu vou matar esse FDP!"

Pensei nos meses de fragilidade que eu havia passado com o câncer, e que ainda estava passando. Nas sessões de quimio e minhas tentativas de ser uma esposa melhor, enquanto meu marido estava flertando com outra no Brasil. Senti o estômago embrulhar de tanta raiva. Segurei as entranhas, que pareciam vivas no meu abdômen inteiro. Continuei lendo as conversas e descobri o pior:

"O quê? Ele se encontrou com ela pessoalmente na última vez que foi para o Brasil?"

Imediatamente, do Facebook dele, enviei uma mensagem para ela dizendo: "Olá, sou a esposa do homem que você está tendo um caso e gostaria de conversar com você." Não passou nem um minuto e ela visualizou. Provavelmente pensou ser ele. Ela me passou seu contato telefônico e disse que eu poderia ligar, o que fiz imediatamente.

— Oi, Clarice. Sim, estamos nos falando já há quase um ano. Ele disse que vocês não se separaram ainda porque você tá com câncer e ele precisava cuidar de você.

"Acho que nunca senti tanto ódio na minha vida!"

Do nada, ouvi o barulho do portão. Ele estava chegando! Na hora certa! Desliguei a ligação com ela, me levantei e fiquei em pé para uma calorosa recepção. Quando ele abriu a porta e entrou, eu já comecei a estapeá-lo em todo lugar que eu conseguia:

— Então é isso que significa salvar o nosso casamento? Ficar num relacionamento on-line com outra mulher enquanto eu fazia quimioterapia?

— Calma, Clarice! Quando eu a conheci, nós estávamos separados. Depois, quando voltamos, eu tava só teclando com ela.

— Teclando, porque tinha um oceano no meio de vocês. E ainda teve a coragem de falar pra ela que estava cuidando de mim por causa do câncer! Você é um mentiroso! O que você menos fez nesse período foi me dar suporte.

— Eu fiquei perdido com tudo isso. Me perdoe.

— *Você foi desleal. Como você pôde fazer isso comigo, num momento de tanta fragilidade, quando mais precisei do seu apoio?*

— *Perdão, meu amor.*

Eu gritei, histérica:

— *Acabou! Acabou pra sempre! Imperdoável o que você fez! Nunca mais me chame de amor! Você não é homem, é um moleque que sempre esperou que eu te tratasse como se fosse sua mãe. Eu não sou sua mãe!! Depois de tudo que eu já passei na vida, eu merecia um homem, não uma pessoa fraca como você!*

— *Você quer que eu vá embora? Se é isso que você quer, eu vou.*

— *Sim, é isso que eu quero! Acabou!*

Ele saiu da sala. Olhei para minha magreza, espantada com a força que usei, não sei de onde, para bater nele. Me sentia feia, desanimada, a pior das mulheres, envergonhada comigo mesmo, por agora ter sido eu quem cometeu violência doméstica. Estava arrasada de todas as formas. Tentei controlar a respiração para desacelerar o coração, que ainda estava a mil por hora.

"Esse casamento nunca foi bom, mas eu não esperava que acabasse assim."

Fechei os olhos. Fiquei processando minhas emoções e viajei em uma retrospectiva dos últimos anos.

Três meses se passaram, após o meu segundo ex-marido sair de casa. Percebi que minha vida tomou outro rumo, estava tudo mais calmo aqui dentro de mim. Consegui uma vaga universitária para estudar Health and Social Care (Assistente Social) e ao mesmo tempo estava me profissionalizando numa escola de Coaching e Programação Neurolinguística.

"Obrigada, Deus! Tudo tem um propósito, uma razão de ser. A gente é que demora a entender."

Folheei minha apostila, buscando a lição que o professor estava repassando. Olhei para ele atenta ao assunto interessante do dia, sobre dignidade, direitos humanos e os procedimentos de conduta e a lei do sistema britânico. Me mantive em silêncio e ao mesmo tempo refletindo sobre a importância da dignidade por nós mesmos. Refleti também sobre meu padrão de vida, e o quanto diminuiu após o fim do meu casamento. Precisei me readaptar à nova realidade, me mudei para um flat menor, porém me sentia digna, respeitada, livre e feliz. Os estudos do curso de Assistência Social me inundavam de autoconhecimento e enriqueciam cada vez mais minha caminhada.

"Como é bom permitir se conhecer e buscar a verdade da vida!"

Senti vontade de me abraçar, de me acolher por inteira. Observei um leve sorriso em meu rosto. Tentei disfarçar, nem sei por quê.

Naquele dia, uma colega da faculdade me convidou para participar de uma sessão de Constelação Familiar. Não sabia o que era, mas soube que também promovia autodesenvolvimento, por isso, aceitei o convite.

Falei baixinho para mim mesma:

— Estou aberta para conhecer coisas novas nesta nova vida, nesta nova Clarice!

Assim que terminou a aula, minha amiga de curso e eu fomos para a "tal" Constelação. Assim que cheguei em casa, minha filha mais velha, já me abordou:

— E aí, mãe, gostou da reunião que você foi hoje? Qual era o nome mesmo, esqueci!?

Com as mãos na cintura, respondi sorrindo:

— E não é que eu gostei!! Chama Constelação Familiar. É uma técnica que um alemão criou, por sinal muito interessante. Fala de ancestralidade, de coisas que a gente repete na família etc.

—Nossa! Parece ser interessante? Nunca ouvi falar.

— Não sei explicar direito, só sei que tem um profissional de Constelação que é o constelador e várias pessoas participando. Uma pessoa apresenta o assunto a ser tratado e todos os presentes ajudam também nesse movimento de cura.

— Nossa, que complexo, não entendi muito bem, não.

— É como um teatro da vida da pessoa. As coisas começam a acontecer e é como se a pessoa pudesse assistir aos episódios da própria vida. E aí, a partir dessas revelações, a pessoa começa a entender o que aconteceu em sua ancestralidade, através desse reconhecimento e respeito é possível acontecer a cura.

— Nossa, que forte! E que medo!

— Sim, muito forte! Eu não sei como acontece, mas é muito emocionante. Senti bastante vontade de chorar.

— Já vi que daqui a pouco você vai querer aprender essa tal de Constelação aí também, não é mãe? Te conheço!

— Por que não? — respondi, rindo.

Ela aponta o dedo para mim, também rindo:

— Viu só? Eu sabia!

— Filha, essa tá sendo a melhor fase da minha vida! Não quero desperdiçar mais nenhum momento.

— Tá certa, mãe!

— É a primeira vez que tô olhando pra dentro de mim. Antes fazia as coisas no modo automático, inconsciente, e pensava mais no outro do que em mim. Agora tenho feito por mim.

— Isso é maravilhoso, mãe! Sinto mesmo você mais calma, mais bonita, mais feliz.

— Que bom que você percebe isso, filha! Sinto de verdade que os vendavais que já vivi já foram, passaram. Agora creio que é um novo tempo. E isso me traz muita vontade de viver!

Ela veio até mim e me abraçou:

— O importante é você estar bem, mãe. E feliz! Eu te amo muito. Você é um exemplo de mulher pra mim. Me inspiro em você.

— Filha! Quero agradecer também pelo apoio que você tem me dado com a faculdade. Se não fosse pela sua ajuda, eu não conseguiria essa vaga, nem mesmo continuar. Sua ajuda com o meu inglês básico tá sendo imprescindível.

— E tudo que você já fez por mim? Isso não é nada. Logo você vai ser Assistente Social em Londres, mãe, e reconhecida! Muito chique!

Estava rindo por dentro e por fora.

— Tô feliz, finalmente. E sem precisar estar em relacionamento nenhum. Por causa das crenças que eu carregava, achava que precisava de alguém pra me manter, comer, sobreviver... Que horror! Como é libertador descobrir que sou capaz.

— Você é a pessoa mais forte que eu conheço, mãe! Só faltava você mesma perceber isso.

Fiquei surpresa com as palavras dela.

—Verdade, filha? Você me acha forte? Sério?

— Mãe! Como assim? Você não reconhece mesmo a sua força, né? — falou, demonstrando surpresa.

— Mãe, sempre foi você quem cuidou da casa, da família, não só de mim e da minha irmã, mas da vó, das minhas tias e até dos seus maridos.

Rimos juntas e ela continuou:

— Você passou por tantas coisas... Violências, mudou de país, doenças... E agora tá aí, estudando pra se tornar alguém, buscando se tornar autoridade naquilo que você faz.

Meus olhos se encheram de lágrimas.

— Obrigada filha, por me enxergar dessa forma.

Eu a abracei e não me contive, de tanta felicidade.

"Se minha filha me vê assim, tudo já valeu a pena!"

HELLINGER SCIENCE SCHOLL – BAD REICHENHALL, ALEMANHA, 2015.

"Quem diria! Eu. Aqui na Alemanha, estudando constelações familiares com Bert Hellinger, o criador da técnica terapêutica das Constelações Familiares

Sistêmicas." Todos os meses, eu vinha para a Alemanha e passava dias em seminários, aprendendo com esse grande Mestre.

"E não é que a minha filha tinha razão?"

Eis que esse tempo aqui absorvendo tamanhos conhecimentos foi, sem dúvidas, o maior divisor de águas da minha vida. Estar na presença de Bert Hellinger, observando sua postura e energia, banhava minha alma de uma forma que não encontrarei palavras aqui para expressar.

Eu havia acabado de voltar do intervalo entre uma aula e outra, estava no topo de uma escadaria esperando a porta da sala de aula novamente se abrir, quando vi Bert Hellinger subindo as escadas, com vários livros nas mãos. Sem pensar, prontamente me levantei, e me dirigi até ele:

— Can I help you, Mr. Bert? (Posso ajudá-lo Sr. Bert?)

Antes mesmo que ele respondesse, estiquei minhas mãos e já fui pegando os livros para ajudá-lo a carregar. Gentilmente, ele recuou, não permitindo, e me olhou fundo nos olhos. Senti o olhar dele invadir minha alma. Porém, tinha uma enorme amorosidade naquele olhar, era diferente de um olhar comum... Ao mesmo tempo, também tinha autoridade.

— Thank you! But only give help when your help has been requested. And even then, at the correct level, nothing more than what the person is ready to receive. Don't over do it! (Agradeço! Porém, ajude somente quando for solicitado e, ainda assim, na medida certa, nunca além do quanto a pessoa estiver pronta para receber.)

— Ok? — Ele me pergunta, aguardando minha concordância.

— Ok! Thank you, Mr. Bert. (Certo! Obrigada Sr. Bert!)

Claro que fiquei sem graça, desconcertada, mas meu corpo, quase que sem controle dos meus próprios movimentos, se envergava em revência e agradecimento por mais esse valioso ensinamento. Calmamente, ainda comtemplando o semblante calmo do sábio senhor professor, abri espaço para ele passar. Entendi a lição!

As vezes nós atravessamos o destino do outro, querendo ajudar demais ou resolver a vida inteira da *pessoa. Bert Hellinger, como sábio Mestre que era, não perdeu a oportunidade de repassar a lição para a aluna, para que pudesse se ver livre dos muitos conceitos que carregava e também para repassar as lições recebidas adiante. Ele não disse que auxiliar é errado, apenas ressaltou a importância de aguardarmos a solicitação de ajuda. E de, mesmo ajudando, estarmos atentos até onde a pessoa que recebe está em condições de receber. Refleti por dias sobre aquele ensinamento... ainda hoje, reflito... Jesus também nos ensinou sobre esse respeito nas ajudas. Ele ensinou os pescadores a pescar, aconselhou sobre o melhor lado para lançarem a rede, mas não pescou para ninguém. Ajudar é, antes de mais nada, ter respeito e compaixão.*

O conhecimento da Constelação estava trazendo tanta compreensão sobre mim mesma, sobre o funcionamento da vida e das pessoas como um todo, que já não mais me reconhecia como antes. O melhor a cada novo dia acontecia: eu era a melhor versão de mim mesma, desde sempre! E isso estava sendo maravilhoso!

Olhei o relógio:

— 12:55.

Ainda tinha alguns minutinhos antes de voltar para mais uma tarde recheada de ensinamentos. Como nada é por acaso... o primeiro seminário que participei na Hellinger Science School, foi sobre o tema "pai".

"Ah, meu pai... O quanto o senhor me ensinou? Agora sei a definição de honrá-lo!"

Sentia uma paz profunda pela reconciliação interna com meu pai, com tudo que vivemos. Principalmente por ter aprendido a respeitar o seu destino de sair da vida tão jovem, hoje respeito sua partida. Fiquei sentada, apenas sentindo. Assim como aprendi com Bert Hellinger: simplesmente, permita-se sentir!

Fazer a formação em Constelação Familiar na academia Hellinger Science School foi, com absoluta certeza, uma das experiências mais enriquecedoras da minha vida. Um aprendizado para esta e para as próximas vidas. Uma bagagem que ficará para sempre registrada em minha alma.

"Gratidão! É a expressão mais sincera que sinto em meu coração!"

Após dois anos e meio de muitos aprendizados, concluí minha formação como Consteladora Familiar. Já atendia clientes individuais em sessões de constelações em uma clínica no sul de Londres. Estava em mais um dia de trabalho, aguardando a próxima cliente chegar, quando minha filha me surpreende com sua chegada.

— Oi, mãe. Tava aqui por perto, só passei pra dar um beijinho e te trazer esse pedaço de bolo.

— Ohhh!! Que surpresa deliciosa filha, amei! Mas em dez minutos minha próxima cliente vai chegar.

— Tenho tanto orgulho de você, mãe! E acho tão lindo esse trabalho que você tá fazendo!

Parei o que estava fazendo e dei atenção plena a ela, pois a Constelação me trouxe esse aprendizado de estar presente, de forma prática e natural.

— Acho incrível a reviravolta que você deu na sua vida, mãe. Você não pôde mais ser cabeleireira por causa do câncer. E logo que melhorou, se dedicou a estudar, fez PNL, Coaching, Assistência Social e ainda Constelação Familiar e já tá aí, atendendo seus clientes. Acho incrível sua capacidade de ressignificar.

— Filha, desde sempre tenho um lema que eu sigo.

— *Um lema? E qual é?*

— *Recomeçar! Nunca parar. Essa é uma Lei Universal, a lei do progresso.*

Dei um sorriso. Minha filha tinha razão, eu estava orgulhosa de mim também. Sentia orgulho da minha força e superação! Ela continuou:

— *Eu já disse outras vezes, você é um exemplo pra mim, mãe!*

Meus olhos ficaram automaticamente marejados.

— *Obrigada por me enxergar filha.*

— *Enxergar?* — *Ela riu do termo.*

— *Sim, filha, enxergar! Nas constelações, quando se fala em "enxergar" alguém, isso tem um forte significado. É quando de fato reconhecemos, sentimos e aceitamos uma pessoa e a temos em nosso coração.*

— *Então, eu enxergo você, mãe. Eu a reconheço.*

O quanto aquele gesto significava... Eu a abracei fortemente.

— *Amo tanto você, filha! Você e sua irmã foram a inspiração pra eu nunca desistir.*

Ela me abraçou e saiu, como uma boa jovem deve ser, leve e feliz!

QUANDO UMA MULHER SE CURA, ELA NÃO CURA SÓ A SI, MAS A TODA UMA GERAÇÃO.

Quando uma pessoa de um determinado sistema familiar se cura, ela se torna responsável por curar também a seus ancestrais, no que se refere ao que foi transformado. Essa cura também permite a libertação de todos os seus descendentes, nascidos e ainda não nascidos. Ou seja, quando uma pessoa quebra um padrão, ela permite que seus ancestrais se tornem leves de tudo aquilo que aconteceu, pois finalmente há uma solução, ao mesmo tempo em que todos os descendentes se tornam livres para trilhar um caminho diferente, não mais com aquele padrão que foi repetido por um determinado número de gerações.

A cura não é apenas individual, mas coletiva, do passado e do futuro. Parece mágico. E é!

Bert Hellinger dizia, sobre o movimento de amor que circula entre as mulheres de um sistema familiar, que quando uma delas resolve se curar, o efeito poderoso e positivo que existe nesse movimento é transformador para o sistema familiar. Ele ainda completa esse ensinamento quando diz que quando uma mulher decide se curar, ela se transforma em uma obra de arte de amor e compaixão, já que não torna saudável somente a si mesma, mas a toda sua descendência.

Veja o meu caso, em relação aos meus relacionamentos com violência e abusos. A partir do momento em que eu quebrei o padrão e me libertei, minhas transformações permitiram às minhas filhas seguirem livres também.

Assim é!

Londres, 2017

O tempo passou. Eu estava cada vez mais envolvida na minha autotransformação, através dos estudos de autoconhecimento e desenvolvimento pessoal. Organizei vários workshops de Constelação e era convidada para palestrar em alguns eventos sociais, principalmente da comunidade brasileira em Londres e em Portugal. Me sentia cada vez mais segura e realizada. Também fazia parte da filosofia Shumei, uma prática similar à filosofia Messiânica, originária do Japão; ambas estudam os ensinamentos do Mestre Meishu--Sama, praticam alimentação vinda da agricultura natural e ministram Johrei (canal de energia de cura).

Estava com as malas prontas, na sala de casa, quando minha filha mais nova entrou e me questionou:

— Mami, eu entendo que você gosta de estudar, vejo o quanto você faz isso desde que separou do meu pai. Vejo que você tá também mais feliz, mais calma... mas... ir pro Japão? Não é demais, não?

Ri, pela observação da minha pequena menina e, em seguida, respondi:

— Não, filha. Não penso que é demais, não! Meu coração diz que tenho que aproveitar o convite do universo e ir. Quero muito viver essa experiência.

"Acho que nem vou contar para ela que pretendo seguir a vida de missionária. Deixa para depois."

Ela ficou me olhando com cara de quem já estava com saudades.

— Logo eu estou de volta, filha. Você e sua irmã vão é se divertir muito sem a minha presença por aqui.

Elas riem, com caras de quem realmente tinha intenção de aproveitar.

— Tô indo, meninas! Juízo, hein! Usem tudo o que eu já ensinei pra vocês... Agora é a hora.

Dei aquele costumeiro sermão materno, que não poderia faltar, e as abracei, me despedindo.

— Vocês são os amores da minha vida!

— Aproveita, mãe. O Japão deve ser lindo! Tira muitas fotos.

Peguei minha mala e, assim, fui.

Japão, 2017

Estava há alguns dias no Japão, num templo onde fui estudar e buscar as informações necessárias para me tornar uma missionária.

— Parabéns, Clarice! Você passou em mais uma etapa do processo.

Abaixei a cabeça, em sinal de reverência, respeito e agradecimento. Recebi um pêndulo, que representava a aprovação da última etapa antes de seguir, se quisesse de fato me tornar uma iniciante missionária. Peguei o pêndulo com humildade e alegria.

"Gratidão, Deus e a todos os Mestres Iluminados, por terem guiado meus passos para este caminho!"

Suspirei, fechei os olhos um instante, em estado meditativo. Segui para fora do templo e me dirigi ao grande salão, onde todos os estudantes faziam os trabalhos voluntários todos os dias, na cozinha, preparando alimentos ou ajudando na limpeza, como os outros alunos. A sensação era de plenitude, completude, compreensão, clareza e silêncio interno. Os melhores sentimentos que já tive.

"O melhor sentimento, estar presente, consciente!"
Pensei comigo mesma, olhando para o céu... Comecei a varrer o pátio, focada e presente naquele momento. Trabalhava com alegria e gratidão, enquanto ao mesmo tempo, repetia mentalmente alguns mantras.

Londres, 2017.

As experiencias vividas no Japão ainda vibravam em mim e na minha, segui fazendo meus trabalhos voluntários e me dedicando cada vez mais a estudar com profundidade os ensinamentos das filosofias japonesas. Enquanto isso, aguardava o momento de servir em algum trabalho missionário.
"A paz que invadia diariamente meu coração era tamanha, que já não me lembrava da Clarice de outrora."
Estava em um evento na fazenda de uma dessas filosofias japonesas, a Fazenda do Shumei, que fica na Inglaterra, em uma cidadezinha próxima às famosas pedras de Stonehenge. Lugar este onde se

aprende um dos mais importantes pilares da filosofia: a agricultura natural. O evento do qual eu estava participando fazia parte do meu processo de servir como missionária voluntária, recebendo os convidados e administrando Johrei.

Os convidados que iriam participar da cerimônia começaram a chegar. Eles iriam aprender os conceitos da agricultura natural, que vai muito além de uma plantação orgânica.

Uma das missionárias chegou até mim e me apresentou sua amiga, convidada para aquela cerimônia:

— Clarice, queria apresentar minha amiga. É a primeira vez dela aqui.

— Muito prazer! Seja bem-vinda! Aproveite a cerimônia e sinta a energia deste lugar, tudo aqui é mágico!

Conversei com ela, de forma descontraída, enquanto fazia meu trabalho apresentá-la à filosofia. Abordei os ensinamentos e comentei levemente sobre minha pretensão de me tornar uma missionária.

— Missionária? Tipo uma freira, votos de castidade etc.?

Achei engraçada sua observação.

— Não é bem assim! Quanto mais vamos nos preenchendo com o que nos faz sentido, mais fácil vai ficando se despir de muito e viver dia após dia de forma despretensiosa. Apenas servindo e vivendo com leveza.

— E você? Qual era seu objetivo ao aceitar o convite de vir aqui hoje?

— Tô buscando autoconhecimento, desenvolvimento pessoal. Tenho vontade de me melhorar como ser humano. — Ela responde, sorrindo.

Continuamos numa conversa bem agradável, descobrindo várias afinidades, num mesmo momento de vida. Inclusive, uma delas era a de um dia percorrer o "Caminho de Santiago" pelas rotas de Portugal e Espanha.

"Como é bom quando atraímos as pessoas certas na nossa vida. A lei da atração é mesmo, implacável! De todo modo, sempre aprendemos com quem passa pela nossa vida. Seja lá qual for o aprendizado, sempre alguém deixa e leva algo de nós..."

— Que bom que a Ana trouxe você aqui hoje! Com certeza esse dia ficará pra sempre registrado em sua memória.

— Então deixa eu anotar. Que dia é hoje mesmo?

Rimos, em tom de total descontração.

— Então, anota aí: 27 de agosto de 2017!

— Estou entregue ao fluxo do Universo, Clarice! Permito que ele me conduza e me mostre o próximo passo a seguir.

"Que lindo! Senti uma afinidade muito grande por ela. Mal a conheço! Que estranho! Mas... parece que eu a conheço de uma vida inteira."

Alguns dias depois, fui ao aniversário de uma das missionárias do nosso grupo. A festa estava animada, mas acho que havia me desacostumado de festas agitadas, devido ao longo tempo só ouvindo mantras.

Ri, sozinha.

— Parabéns, amiga linda, feliz aniversário! Obrigada pelo convite!

Abracei minha amiga aniversariante, que cochichou em meus ouvidos algo inesperado:

— Obrigada você, por ter vindo. Eu tava ansiosa, mas acho que tem mais alguém aqui na festa muito mais impaciente esperando você chegar.

Eu arregalei os olhos, um pouco surpresa e sem entender nada:

— Impaciente à minha espera? Quem?

— Aquela minha amiga do dia da cerimônia na fazenda. Lembra dela? — perguntou, com uma expressão engraçada.

— Claro que lembro! Conversamos bastante aquele dia. Ela é supersimpática! Mas o que você quer dizer, com essa sua cara?

— Que ela está interessada em você!

— Interessada em mim? Você tá louca? Eu não me relaciono com mulheres. Nunca me relacionei e nem tenho essa pretensão.

Ela riu e apontou para a amiga, que já estava praticamente atrás de mim. Ela tocou meu ombro, na intenção de me cumprimentar.

"Afffff! Onde eu fui me meter?!!!"

— Oi, Clarice, tudo bem? Que bom te ver! Tava ansiosa pra te contar o que aprendi essa semana.

— Olá, querida! Tudo bem com você?

Olhei para ela, cumprimentei com formalidades e um tanto sem graça, enquanto ela, sem pausar, fala...

— Clarice, quero te contar o que aprendi. Mas antes preciso dizer o que eu já tinha reparado, você tem olhos preciosos!

"Não consigo nem agradecer, perdi completamente o rebolado." Mas ela, sem dar pausa alguma, continua falando...

— Deixa eu te contar o que aprendi essa semana.

Virei-me para ela e me senti mais constrangida ainda, ao mesmo tempo contagiada pela energia incrível que emanava dela, até minha respiração mudou.

— O que foi que você aprendeu? Por favor, diga.

Ela gesticulava e falava de forma segura e empolgante:

— Aprendi sobre a história do Mestre Meishu-Sama e o significado de seu nome que é: "O Senhor da Luz", que ele fazia cura pela imposição das mãos, e que hoje seus seguidores caminham através desse ensinamento aplicando o Johrei. Falei certo essa palavra?

— Que incrível, você pesquisou sobre a vida do Mestre?

Ela continuou falando e eu me senti contagiada por sua energia e seu interesse pela espiritualidade.

Confesso que ela chamou minha atenção e me encantou. Prestei atenção em seu rosto, na sua boca e na forma envolvente com que narrava a história do Mestre. A história de Meishu-Sama era realmente muito interessante, eu já havia ouvido umas dezenas de vezes, mas ela contando trouxe ainda mais beleza.

Me perguntei: "O que é isso, Clarice? O que você está sentindo?" e lembrei do ensinamento de Bert Hellinger e de outros Mestres que falava sobre o: "permitir sentir".

"Apenas permita, pois, além do inconsciente e do consciente, existe ainda o movimento do espírito."

SOBRE O AMOR

Foi trilhando o caminho da dor, que encontrei o amor. Compreendi que amor é calmaria, porto seguro, que as almas se reconhecem e que o espírito não tem sexo. O amor mostra o caminho para nos reconhecermos dentro do outro.

Me procurei dentro de muitos, que também estavam perdidos e vazios. Acabei me encontrando onde sequer eu poderia supor... Me relacionar com alguém do mesmo gênero foi o ápice do meu próprio reconhecimento e entendimento. Foi o início para eu me despir de qualquer padrão, preconceito ou idealização. Me reconheci livre, pois é isso que o amor é. Compreendi melhor ainda o significado da expressão "quem ama liberta". Me libertei de mim mesma e dos antigos padrões, crenças e medos. Quando me reconheci dentro de tudo e em todos, não houve mais espaço para dualidades sobre certo ou errado, bonito ou feio, masculino ou feminino. Tudo passou a ser Divino, Sagrado!

Trilhar a existência ao lado de quem extrai a nossa sombra é sempre um convite para evolução. Porém, trilhar a existência ao lado de quem extrai o nosso melhor é uma oportunidade de contemplação, a cada amanhecer.

Por anos, caminhei deixando fragmentos da minha alma ao longo do caminho, obedecendo pactos inconscientes e presa em promessas, juramentos ou compromissos do passado. O amor me recompôs e hoje sigo inteira. Aprendi também a reverenciar o altar sagrado que é meu corpo e finalmente compreendi que ele foi criado pelo Divino para ser amado, exaltado, respeitado e não maltratado.

O tempo passou e eu me encontro cada dia mais feliz e realizada em todos os sentidos da minha vida. Abundante é a melhor definição!

Londres, 2019.

Desde o período em que eu enfrentei o câncer, minha mãe voltou a morar no Brasil. Mas sempre nos falamos ao telefone.

Eu estava em casa, no sofá, com o telefone na mão:
— *Oi filha, como vocês estão?*
— *Estamos todas bem, mãe! Muitas novidades por aqui.*
— *Sério? Me conta.*
— *Sua neta mais velha vai fazer um tour com trabalhos voluntários na África. A Adriana conseguiu um emprego novo e agora irá trabalhar no Google. As duas estão radiantes, e eu não me aguento de felicidade!*

Ouvi um suspiro da minha mãe do lado de lá e em seguida ela falou:
— *Nossa filha, que demais! Vocês merecem. Todos os dias agradeço a Deus por ter colocado essa pessoa tão maravilhosa no seu caminho! Antes, quando você sofria violência, eu orava a Deus implorando a Ele que permitisse você amanhecer viva. Hoje, eu oro pra agradecer o presente que Ele colocou na sua vida.*

Minha garganta travou.

— Obrigada por sempre estar ao meu lado mãe, e me perdoe por eu ter sido a causa de tanta preocupação.

Minhas filhas também amam a pessoa maravilhosa que eu escolhi para compartilhar minha vida. Independente do sexo ser feminino ou masculino, elas se alegram com a minha alegria, a família dela me ama também e vice-versa. Hoje tenho tudo que um dia eu sonhei: um casamento de verdade e uma família que reconhece meu valor e me respeita como eu mereço. Assim deveria ter sido desde sempre. Todo ser humano nasceu para ser amado e, principalmente, respeitado.

Londres, 2022.

Eu ainda estava andando com Laurinda, na Oxford Street, entrando de loja em loja.

"Ela parecia estar mais interessada na minha história do que nas lojas." Percebi seu interesse e então resolvi continuar.

— O fim desta história interminável já está chegando, ok, Laurinda?!

— Continue, por favor. Sua história de vida é incrível, como poucas! Simplesmente surpreendente. Quanto mais eu escuto, mais quero saber!

— Você que é incrível, Laurinda! É bom ouvir isso, pois eu tinha tanta vergonha da minha história! Hoje já consigo abraçá-la com reconhecimento e amor. Afinal é a minha história e ninguém pode me tirar isso. Sei que sou referência pra minha família e acabei ficando no lugar do meu pai, embora eu saiba que o lugar dele será pra sempre dele. Honro e reconheço o lugar dele em nosso sistema e também o meu.

Laurinda parou e me olhou fundo nos olhos:

— Agora eu entendo porque você é uma rainha!

— Por quê?

— Você se tornou rainha de si mesma! Deixou de ser plebeia na vida dos outros e conquistou seu próprio reinado! Parabéns!

Ela simulou uma reverência a mim, sorrindo.

— Laurinda, eu só consegui criar meu próprio reinado depois de seguir com seriedade um importantíssimo ensinamento de Bert Hellinger, que é o seguinte:

"Que ninguém te faça duvidar, cuida da tua 'raridade' como a flor mais preciosa da tua árvore. Tu és o sonho de todos os teus antepassados.

"Ou seja: não permita nada e nem ninguém te confundir, não se desvie do melhor caminho. Nós, os teus antepassados nos alegramos nas suas conquistas..."

Seguimos dando mais alguns passos e paro:

— Só um minuto, Laurinda. Vou mandar mensagem pras "mulheres da minha vida" pra elas virem nos encontrar aqui.

Escrevo rapidamente no WhatsApp, no grupo de família que tenho com elas:

[17:17]: Olá, meus amores, estou na Oxford Street, em frente àquela nossa loja favorita de souvenirs. Vocês querem vir aqui me encontrar? Estou com uma amiga!

Fico olhando o celular.

[17:18]: Tá bom, mãe, já estamos por perto. Em 10 minutos, estamos aí!

[17:18]: Ótimo. Perfeito. Beijinhos!

Laurinda me interpelou:
— Elas vêm?
Balanço a cabeça, toda feliz:
— Vêm sim! Vamos, marquei com elas naquela loja.
— Quanto tempo faz que você está com a sua companheira?
— Uma vida, Laurinda, uma vida...!
Rimos. Prossigo:
— Estamos juntas há sete anos. Mas, de fato, parece mesmo uma vida, pela quantidade de coisas que já fizemos juntas e pelo tanto que conhecemos tão bem uma à outra. Nunca fui tão feliz, nem vivi com tanta entrega e intensidade.

— Não vou nem ousar a perguntar se ela é diferente dos seus ex relacionamentos?

— Nem ouse, Laurinda, nem ouse! — Rio. — Ela me ajuda em tudo, me traz equilíbrio e eu retribuo da melhor forma que posso. Agora até veio com uma nova ideia.

— Que ideia?

— Ela quer que eu escreva um livro, imagina uma coisa dessa? O que eu iria escrever?

Laurinda congelou:

— Minha nossa, Clarice! Escreve tudo isso que você passou o dia me contando.

— É sério? Quem se interessaria em ler uma história dessas?

— Sua história tem muita luta, superação e inspiração! Pense em quantas mulheres, neste momento, vivem o que você viveu, e poderão se inspirar e se automotivar a mudar suas vidas?

— Eu? Inspirar outras mulheres?

Ela me olhou, séria:

— Seu trabalho como Consteladora, assistente social, não tem como objetivo auxiliar as pessoas a se libertarem de suas amarras? E como você se atreve a não relatar sua história e ajudar outras mulheres?

— Nossa! Nunca pensei dessa forma...

— Você é uma mulher que sofreu violência sexual, depois foi traída pelo seu primeiro namorado, mesmo assim se casou com ele e passou por violência doméstica por treze anos, precisou mudar de país com a cara e a coragem para recomeçar. No segundo casamento, você foi mais mãe do que esposa, se adaptou a uma nova cultura, idioma, teve sucesso como cabeleireira, passou por paralisia facial, glaucoma, câncer, se curou...

Balancei o pescoço, concordando com ela, sem esconder meu sorriso e satisfação com sua percepção tão clara. Ela prosseguiu:

— Depois você se formou como Consteladora com o próprio Bert Hellinger, foi para o Japão em serviços missionários, encontrou o amor mais leve e mais verdadeiro na forma de uma mulher, para se reencontrar consigo mesma se tornou uma terapeuta renomada em Londres e, após tantas vivências e experiências, tem as ferramentas necessárias para auxiliar outras mulheres...

"Uau! E ela ainda não acabou?"

— Ao mesmo tempo, você criava duas filhas e ajudava toda a sua família, assumindo as responsabilidades do seu pai. Você já tinha feito esse resumo sobre você mesma, Clarice? É, minha amiga, acho que você tem muito para contar sim.

Me peguei imóvel!

— Eu não tinha percebido minha história por todos esses ângulos. Só olhava pra ela e enxergava dor.

— Clarice, se você não servir de inspiração para outras mulheres, eu não sei quem servirá.

Fiquei quieta, apenas olhando.

Ela insistiu:

— Veja, minha amiga... Quantas mulheres nesse mundo estão sofrendo violência de todo tipo, exatamente neste segundo?

— Provavelmente, milhares!

— E quantas não estão lutando contra um câncer ou outra doença neste exato momento?

— Com certeza também, muitas!

—E quantas não estão paralisadas por medo de mudar seus rumos?

Respirei fundo e respondi:

— É, entendo, eu passei por isso. Minha percepção sobre a paralisia facial hoje é como se eu estivesse "entortado" a cara pra vida.

— Faz mesmo muito sentido isso, Clarice.

— E o glaucoma, acredito eu que foi uma insistência em não querer enxergar minha própria infelicidade.

Ela me olhou e perguntou:

— E o câncer? Qual a sua análise para ele ter se manifestado?

Enchi o peito e respondi, soltando o ar:

— A última chance que o Criador me deu pra tomar posse do presente que recebi: Minha Vida.

— As histórias nos transformam. Uma história como a sua tem que ser contada, porque possui superação e coragem, inspira.

"Será que eu teria coragem de contar tudo o que relatei para uma 'única' desconhecida? Onde escondo a minha vergonha sobre quem eu fui quando era inconsciente de mim mesma? Se bem que todo mundo tem sua fase de inconscientes, não sou só eu..."

— Vou pensar nisso! Obrigada por ouvir e ainda me trazer toda essa motivação, Laurinda. Você é especial!

Ela pegou uma xícara com a foto da rainha estampada, na loja de souvenir que estávamos, e brincou:

— Olha só, agora vou tomar meu Afternoon tea todos os dias, com a rainha!

Rimos. Mas ela volta ao assunto:

— Pense! Permita sua atenção plena para a ideia do livro. Sua companheira tem total razão. Ela deve ser mesmo uma excelente parceira, como diz Bert Hellinger: ela que enxerga você.

"Ela já sabia até falar como uma Consteladora!"

E prossegue:

— Não se trata apenas de você, mas das mulheres que você poderá ajudar com sua história.

— Eu vou pensar com carinho sobre isso, Laurinda. Prometo!

— Nem tudo na vida é sobre a gente, Clarice. A gente aprende com a própria história, mas quando nosso caminho se torna tão forte e significativo, é necessário partilhar a experiência de vida, nossas dores, com mais pessoas e impactar o maior número possível. Acredito que isto é parte da nossa missão aqui na Terra.

— Você tá certa, Laurinda. Já fui tão motivada a escrever esse livro... Mas não dei muito ouvidos a isso. Eu desconfiava, porque quando alguém nos ama muito e só sabe nos elogiar, a gente não bota fé, né? Tipo mãe que não vê defeito nos filhos. A Adriana elogia até quando eu erro a medida do sal na comida.

Laurinda, rindo, completa:

— Isso é amor! O amor é lindo...

— Gratidão por me fazer ver as coisas de uma forma tão nova e tão bonita, Laurinda.

— Na vida, nada acontece por acaso, não é mesmo?

— Não! Acredito que não, mesmo.

Laurinda estava no caixa, pagando sua xícara com a foto da rainha, quando vejo minhas filhas e Adriana entrando na loja.

Me senti tão feliz! Como se todas as minhas partes estivessem se completando.

Elas se aproximam:

— Oi, mãe! Oi, Amor!

— Olá meus amores!

Cumprimento as três, esperando Laurinda sair do caixa para apresentá-las.

— Laurinda, esta é a minha linda família.

— Teus olhos até brilham, Clarice! Parabéns pela linda família! Cuidem bem da minha amiga, ok meninas?! Ela vale ouro!

Já do lado de fora, Laurinda sinaliza que precisa ir embora:

— Foi muito bom conhecer você e sua família Clarice! Espero que este tenha sido apenas o primeiro encontro, de muitos.

Abraço-a com tamanha gratidão, que meu coração nem sabe explicar, só sentir:

— Obrigada, minha amiga. Não acredito em coincidências. Nada é por acaso, não é mesmo? Creio que todos os encontros já estão traçados. Agradeço ao Universo pelo encontro de hoje. Só gratidão!

Faço uma leve reverência com a mão no coração:

— Foi uma honra passar a tarde com você, rainha Laurinda!

Ela ri e faz o mesmo:

— A honra foi toda minha, rainha Clarice!

Apesar de já termos trocado os números de telefone, ela me dá um cartão de visitas.

"Quem é que usa cartão de visita nos dias de hoje?" Penso, mas com alegria pego-o das mãos da minha mais nova amiga.

— Guarde o meu cartão, Clarice. Aí estão todos os meus contatos.

Minhas filhas e Adriana também se despedem dela.

Laurinda, já quase indo embora, diz algo que toca mais ainda o meu coração.

— Sabe o que eu quero comprar nessas lojas, na próxima vez que eu vier a Londres?

Levanto minhas sobrancelhas com ar de curiosidade.

Ela ri, já se virando para ir embora e, pelo caminho, sai dizendo:

— O livro da rainha! O livro da rainha!

Eu ponho a mão no coração e abaixo minha cabeça, emocionada e agradecida. Vejo ela indo embora e sinto um aperto no coração... Já tenho saudades! — Adriana me abraça nos ombros, minhas filhas me puxam pelas mãos e seguimos.

— Vamos, mãe! Vamos, temos muita coisa ainda pra ver!

Sigo os passos delas, ainda na nostalgia pelo incrível dia que vivi. Pego o cartão de visitas que Laurinda me deu e resolvo olhá-lo.

Leio baixinho:

— Laurinda Almeida – Professora de Psicologia da Universidade do Porto.

"Professora de psicologia??? Uau. Tá explicado!"

No verso do cartão, estava escrito:

"Deus é: A beleza que se ouve no silêncio.
Daí a importância de saber ouvir os outros: a beleza mora lá também."

Rubem Alves.

Uma lágrima rola no meu rosto.

Ninguém percebe, guardo o cartão e sigo...

Para a vida! Para o mais!

Em frente! Avante!

Assim é!

FIM

CONCLUSÃO

Durante a maior parte da minha vida, não senti orgulho da minha história. Na verdade, sentia vergonha. Com esta declaração, você querido (a) leitor (a), pode até se perguntar: "Então, por que você resolveu escrever esse livro, Clarice?"

A maturidade e a busca que percorri me mostraram processos de ressignificação, através dos caminhos espirituais e de autoconhecimento, nos quais me encontrei. Quanto mais eu fui adquirindo autoconhecimento, mais percebi que poderia ver todo o meu passado por uma nova ótica. Compreendi que tudo o que passei, cada detalhe, cada dor e cada sofrimento, foram necessários para moldar a mulher que sou hoje, tanto no âmbito pessoal, moral, quanto profissional.

Apesar de eu ter passado por muitos momentos de dor, cada um deles me trouxe algo ainda mais importante. Por fim, a cada dor, a superação e a busca por ser melhor vinha sempre em seguida. A cada superação, uma transformação. A cada transformação, um crescimento, um desenvolvimento e uma evolução. Resumindo: a cada novo dia, minha melhor versão nascia, a cada novo dia, uma nova Clarice.

A decisão de contar minha história, ainda que tenha sido necessário um processo interno para superar toda a culpa e vergonha que eu nutria, além da coragem de expor segredos pela primeira vez aqui revelados, veio junto com o fato de hoje eu exercer uma profissão de terapeuta. Já que meu trabalho é auxiliar "seres humanos" a superarem crises relativamente parecidas com as minhas do passado, seja em seus relacionamentos, doenças, profissão ou questões de outra ordem, entendo que assim vivo o meu propósito de vida. Busquei minha própria cura para, posteriormente, incentivar outras pessoas a seguirem também nesse processo.

Nada na vida é por acaso, tudo tem um porquê. A compreensão de que toda a dor que eu passei me serviria mais tarde para ajudar outras pessoas a superarem suas dores... Este foi o maior incentivo que me encheu de coragem para tomar a decisão de expor minhas dores.

Talvez minha trajetória não seja tão bonita. Porém, há nela coragem e atitude para transformação, superação, ressignificação e, principalmente, o sincero desejo de saber que eu motivei você também a se transformar.

A vergonha acaba quando usamos os nossos erros para nos transformar. Os meus supostos erros, ardentemente espero que possam servir como inspiração para você, querida leitora que talvez esteja passando por qualquer tipo de dificuldade, a entender que você também pode mudar, e para te dar a certeza do poder da escolha de alterar o rumo para um novo caminho!

Quando estamos no meio de um problema é realmente como estar no meio de um redemoinho. É difícil ter clareza e sair dali. Quando estamos então no meio do vendaval e aparece alguém que está fora dele e mostra como as coisas podem ser de outra forma, a partir de um exemplo parecido, é como se essa pessoa pudesse trazer uma percepção clara sobre aquele redemoinho. E o redemoinho finalmente começa a se desfazer.

Lembra quando você ainda era criança, na escola, e passava por uma situação de vergonha? Por exemplo: morria de vergonha de falar na frente da sala, mas a professora sempre pedia para você ler o texto lá na frente. Aí você lembrou que no ano passado tinha uma menina que ficava muito vermelha quando a professora pedia o mesmo a ela... Então, você percebeu que outros colegas também passavam pela mesma coisa. E, depois disso, você passou a perceber que quando alguém passava pelo mesmo problema que você superou, você também teria a possibilidade de superar.

Essa é a minha intenção. Não há aqui nenhum interesse de expor a minha vida, ridicularizar, julgar ou apontar qualquer um dos envolvidos nesta história (todos os envolvidos sofremos e aprendemos juntos). Não há vítimas, não há culpados!!! A mais pura intenção deste livro é a de motivar você a olhar para suas dores e seguir no processo da cura, para depois, se assim desejar, seguir no processo de contribuição a outras pessoas que precisarem da sua história de superação para também transformarem a vida delas.

Se eu precisar de ajuda para melhorar as minhas finanças, ficarei feliz se puder receber conselhos de alguém que aprendeu a lidar bem com finanças, e assim por diante. Se eu passei por uma situação de câncer, me senti feliz pela contribuição de outras pessoas que vivenciaram essa doença e todos os medos que ela trouxe. Se mulheres enfrentam os mesmos problemas que eu passei, é provável que elas se sintam acolhidas, percebendo que também enfrentei e tive a coragem de expor minha história, mesmo que ela não seja assim tão atraente.

Quando vivenciamos uma experiência difícil, é mais seguro e confiável nos abrirmos com alguém que passou pela mesma situação. É assim que o ser humano se conecta com outro, através de uma dor compartilhada ou de emoções similares em momentos difíceis, sempre na esperança de superação.

Querida leitora (se você é do sexo masculino e está lendo meu livro, já o classifico como um homem com maior poder de sensibilidade, que certamente não levará nada daqui como ofensivo, pois as citações aqui felizmente não cabem a você). Passamos quase a vida inteira num mundo patriarcal, machista, onde as leis foram criadas e moldadas por muitos homens. Hoje, estamos vivendo a transformação disso tudo, pois a mulher foi subjugada desde que o mundo é mundo. A mulher foi julgada desde a queda da conhecida personagem "Eva" e do santo "Adão". Sempre me questionei: Se Adão era tão ajuizado assim, por que ele não tentou convencer Eva a não cometer o pecado? Bom, isso é assunto para um outro livro.

Finalmente, as mulheres estão expondo veementemente seus estupros, agressões, assédios, abusos... É dolorido conversar com qualquer mulher e perceber o quanto somos ainda maioria. Sim. Infelizmente, a maioria das mulheres em todo o mundo já passou por alguma dessas situações que descrevi acima: violência, abuso, assédio no trabalho ou qualquer coisa do tipo.

Vivemos em uma sociedade esculpida pelo masculino e para o masculino, onde agora a mulher, depois de séculos, tem se manifestado de maneira empoderada e ousada, se posicionando e mudando tudo o que é necessário para que esse patriarcado possa deixar de existir.

Não se trata da mulher entrar em uma briga com o masculino! Jamais! Pois somos vertentes necessárias para o caminho da evolução. Trata-se de ter os mesmos direitos e de prevalecer a igualdade dos gêneros. O direito sobre seu corpo, sobre seu dinheiro, sobre sua vida, do jeito que ela bem entender.

As lições das Constelações Familiares Sistêmicas chegaram ao mundo com a proposta de ensinar sobre o equilíbrio entre o homem e a mulher. Vieram para trazer igualdade e mostrar a todos os seres humanos que eles podem se desenvolver no amor e na sensibilidade, que todos podemos mudar aquilo que aprendemos a vida inteira. Principalmente os homens que aprenderam que nasceram para serem fortes e mandar, serem superiores e não chorar, e muito mais, num total desequilíbrio que atrapalhou não somente a vida da mulher, mas a deles mesmos e, consequentemente, da sociedade como um todo.

Convido você homem, convido você mulher, a olharem para suas vidas com acolhimento e amor e, assim, perceberem seus pontos de dor, tudo aquilo que pode ser melhorado. Como explicamos aqui, analise quais são os padrões que você vem repetindo em sua vida e quais estão vindo de geração em geração, dentro do seu sistema familiar.

O olhar para si mesmo cura. Não cura da noite para o dia, mas cura no processo que se inicia justamente quando decidimos olhar.

O amor por si mesmo é o amor mais importante que podemos ter durante toda a nossa vida. Somente depois disso, você estará realmente apto a amar os demais, da maneira mais sublime e plena que existe: sem carências, exigências, ou projeções no outro que, talvez, antes você colocaria como responsável por curar suas feridas.

Curamos nossas feridas quando nos amamos e nos transformamos! E depois nos tornamos aptos a doar a melhor versão de nós mesmos para os demais, tanto no amor quanto no cuidado, na vida profissional, na vida financeira e coletiva.

Quando curamos o nosso interior, adquirimos então a capacidade de primeiramente melhorar o nosso sistema familiar e depois todo o coletivo.

Este é o convite que, de coração, quero deixar registrado para você: Se permita seguir para a cura!

Obrigada por ter me acompanhado até aqui nesta jornada. Espero ter servido como inspiração para algo maior, como uma ferramenta de contribuição.

Que Deus abençoe fortemente a sua vida!
Assim é!

BÔNUS

Quando saímos do controle e nos rendemos ao Amor, o Criador mostra o caminho!

"Ainda que eu falasse as línguas dos homens e dos anjos, se eu não tivesse amor, seria como o metal que soa ou como o címbalo que retine.

E ainda que tivesse o dom de profecia, e conhecesse todos os mistérios e toda a ciência, e ainda que tivesse toda fé, de maneira tal que transportasse os montes, se eu não tivesse amor, nada seria.

E ainda que distribuísse todos os meus bens para sustento dos pobres, e ainda que entregasse o meu corpo para ser queimado, se eu não tivesse amor, nada disso me aproveitaria.

O amor é sofredor, é benigno; o amor não é invejoso; o amor não se vangloria, não se ensoberbece,

Não se porta inconvenientemente, não busca os seus próprios interesses, não se irrita, não suspeita mal;

Não se regozija com a injustiça, mas se regozija com a verdade;

Tudo sofre, tudo crê, tudo espera, tudo suporta.

O amor jamais acaba; mas havendo profecias, serão aniquiladas; havendo línguas, cessarão; havendo ciência, desaparecerá;

Porque, em parte conhecemos, e em parte profetizamos;

Mas, quando vier o que é perfeito, então o que é em parte será aniquilado.

Quando eu era menino, pensava como menino; mas, logo que cheguei a ser homem, acabei com as coisas de menino.

Porque agora vemos como por espelho, em enigma, mas então veremos face a face; agora conheço em parte, mas então conhecerei plenamente, como também sou plenamente conhecido.

Agora, pois, permanecem a fé, a esperança, o amor, estes três; mas o maior destes é o Amor.

(Coríntios 13.1 Paulo de Tarso).

GOSTOU DESSE LIVRO?

Contate a autora nas redes sociais e compartilhe sua experiência de leitura!

INSTAGRAM DA AUTORA:

@ claricebomba

QUER CONHECER OUTRAS HISTÓRIAS INSPIRADORAS?

Siga a Editora Flow e visite também a nossa loja!

INSTAGRAM DA EDITORA FLOW:
@editoraflowbr

LOJA DA EDITORA FLOW:
www.editoraflow.com

YOUTUBE DA EDITORA FLOW:
youtube.com/@editoraflow

Ligue 180 – Central de Atendimento à Mulher faz uma escuta e acolhida qualificada às mulheres em situação de violência. O Ligue 180 atende todo o território nacional e também pode ser acessado em outros países.

Central de Atendimento à Mulher

Telefone: 180

Atendimento internacional:

https://www.gov.br/mdh/pt-br/navegue-por-
-temas/politicas-para-mulheres/ligue-180

Se você ou alguém que você conhece está passando por um momento difícil, não hesite em pedir ajuda. O CVV está disponível todos os dias do ano, 24 horas por dia, gratuitamente.

CVV - Centro de Valorização da Vida
Chat 24 horas: cvv.org.br
Telefone: 188

Flow
- EDITORA -